A new perspective: Psychology for Social Welfare
— Well-being and Resilience in life stages —

福祉心理学の世界

● 人の成長を辿って

中山哲志
Satoshi Nakayama
稲谷ふみ枝
Fumie Inatani
深谷昌志
Masashi Fukaya
編

ナカニシヤ出版

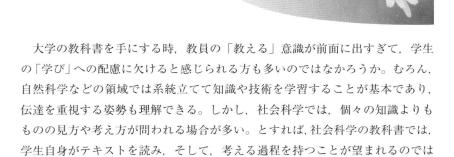

はじめに

　大学の教科書を手にする時，教員の「教える」意識が前面に出すぎて，学生の「学び」への配慮に欠けると感じられる方も多いのではなかろうか。むろん，自然科学などの領域では系統立てて知識や技術を学習することが基本であり，伝達を重視する姿勢も理解できる。しかし，社会科学では，個々の知識よりもものの見方や考え方が問われる場合が多い。とすれば，社会科学の教科書では，学生自身がテキストを読み，そして，考える過程を持つことが望まれるのではなかろうか。そのためには，学生の読む気をそそる魅力的な教材の作成が必要となる。

　本書は，福祉心理学で重要となる「ウェルビーイング」をキー・コンセプトとして，乳幼児期から老年期まで，人の一生を4段階に分けてたどる構成を試みている。その際，各時期の課題を3～4のトピックスを通して解説する手法をとった。学生にとって，乳幼児期や児童期は経験した過程の確認になるが，成人期，とりわけ老年期は未知の世界の問題であろう。そして，終わりの2章に，人としての課題として「レジリエンス」と「ウェルビーイング」を提示してある。

　なお，学生諸君が学習に主体的に参加できるように，各章にアクティブ・ラーニングのスペースを用意した。自分の感想を書き，15週修了時に，本書が自分の足跡を残す学習の記録となる状況を期待している。もちろん，それぞれのテーマについて，近くの学友と話し合うことも望ましいが，その扱いは担当される先生方のご判断に委ねたいと思う。

　最後に執筆者の先生方について一言。こうしたテキストを構想してみると，考察する対象が乳幼時期から老年期まで広がるだけでなく，心理的な掘り下げと同時に社会的な視野が必要となる。そのため，本書の編集にあたって，社会

福祉学，臨床心理学，福祉心理学，教育社会学，老年学や保育学など多様な領域の執筆者のご協力を求めることにした。こうした多領域の 8 人の研究者の連携のもとに，本書のユニークさが成り立っている。執筆者各位に心から感謝したいと思う。

　なお，出版事情の厳しい状況の中で，本書の刊行にあたりお骨折りをいただいたナカニシヤ出版の宍倉由高編集長を始め皆さまに深く感謝の意を表したい。

2018 年 7 月
「福祉心理学の世界」編集委員
中山哲志
稲谷ふみ枝
深谷昌志

目　次

はじめに　i

序　章　福祉心理学を学ぶ（中山哲志） ……………… 1

第Ⅰ部　乳幼児期
第 1 章　親性の形成（山喜高秀） ……………… 13
第 2 章　乳幼児期の養育の課題（金城　悟） ……………… 23
第 3 章　児童虐待の意味するもの（山喜高秀） ……………… 33

第Ⅱ部　児童期
第 4 章　いじめ理解の基礎（深谷昌志） ……………… 45
第 5 章　「不登校」の理解（深谷和子） ……………… 55
第 6 章　発達障害をどう考えるか（渡部純夫） ……………… 65

第Ⅲ部　青年・成人期
第 7 章　高学歴化社会を生きる（深谷昌志） ……………… 77
第 8 章　障害者に対するヘイトクライム（十島雍蔵） ……… 87
第 9 章　職場としての児童養護施設で起こっていること
　　　　（渡部純夫） ……………… 97
第10章　企業社会が抱える課題（金城　悟） ……………… 107

第Ⅳ部　老年期

第11章　初老期のアイデンティティ・クライシス（十島雍蔵） …………… 119

第12章　老いとは何か（稲谷ふみ枝） ………… 129

第13章　超高齢社会と心理的支援（稲谷ふみ枝） ………… 139

第Ⅴ部　まとめとして

第14章　レジリエンスを育てる（深谷和子） ………… 153

第15章　ウェルビーイングな人生（中山哲志） ………… 161

索　引　171

序章
福祉心理学を学ぶ

中山哲志

1. 福祉心理学の登場

(1) 福祉と心理学

　2015年に心理職の国家資格を定める「公認心理師法」が制定され，現代社会が抱えるさまざまな問題に対して，こころの面から対処できる専門職としての活躍が期待されている。公認心理師の養成カリキュラムは，幅広い学修内容で構成されている。大別して基礎系，応用系に分類され，応用系科目に「福祉心理学」が配当されている。福祉心理学は歴史的に新しく発展してきた学問であるが，福祉領域でこれまで心理学を専門とする職員の数は決して少なくなく，児童から高齢者，障害者など幅広い分野で活躍してきた。本人や家族に対する相談支援，心理査定，心理療法などの心理支援や，他の専門職との協働は，福祉心理学にかかわる実践資料として貴重なものとなっている。

(2) 福祉心理学が対象とする人びと

　福祉心理学は児童や高齢者，障害者や生活困窮者など福祉領域に関係した対象者支援にかかわる心理学である。心理学の学修によって，こころの働きやこころの仕組を理解し，その専門知識や技能を対象者に対するアセスメントや支援に役立てることが期待されている。また，「福祉」が幸福を表す言葉であることから，特定の対象者だけでなくすべての人びとが安寧に心豊かに暮らすことを目指した心理学であるとも言える。狭義，広義の捉え方の違いはあるが，福祉心理学は対象とする人びとのこころの在り方が良い状態であるウェルビーイング（well-being）を志向する学問として発展してきた。その背景には，人

びとの暮らしに直結する社会福祉に関係しての動向がある。

（3）社会福祉の歩みと福祉心理学

　わが国の社会福祉の歩みを概観するとき，第二次世界大戦後の悲惨な状況の中から，国家の復興に向けて福祉の充実が図られてきたことを忘れてはならない。戦後，多くの孤児や身体障害者，生活困窮者を保護し救済するために，いわゆる福祉六法に関係する法律や制度を次々に整備し，国家が責任をもって対象者を保護してきた。やがて，高度経済成長のなか社会が安定してくると，将来の高齢社会の到来に備え，社会全体で高齢者の福祉や介護を真剣に考える兆しが出てきた。社会福祉の充実を図ることが喫緊の国家課題であるとの認識にたち，少子・高齢化，低経済成長，核家族などの厳しい社会環境の変化を見据え，安定的に持続可能な社会福祉制度を構築するために社会福祉基礎構造改革が進められた。措置制度から契約制度への転換により，措置によって福祉サービスが対象者にあてがわれるのではなく，利用者が自ら利用するサービスを選び，決定できる仕組に制度転換が図られた。利用者の立場にたったきめ細やかな個別支援を推進するために，一人ひとりに対応した相談支援やアセスメント，支援の在り方をどのように実現するのかが課題となった。このことにより福祉分野はもちろんのこと，医療，教育，行政，労働などの各分野の専門家たちが，対象者のこころの在り方にこれまで以上に関心をもち始めるようになった。

　また，こうした社会福祉の動向に影響を与えたのが，新たな人間理解につながる価値や理念の構築があったことに留意しておきたい。とりわけ国際連合の果たしてきた役割は大きく，人びとの意識を大きく変革させてきた。ノーマライゼーション，リハビリテーション，QOL，医学モデル，ICF（国際生活機能分類），バリアフリー，アタッチメント，エンパワメント，リカバリー，インクルージョン，アドボカシー，共生など，さまざまな対象者に寄り添い向かい合うなかで，福祉心理学が大切に考える価値や理念が確立されてきた。

2．福祉心理学とは何か

（1）福祉心理学の定義

これまでに「福祉心理学」に関係していくつかの定義が行われている。

網野（2004）は，1970年代に臨床心理学を福祉心理学と規定した戸川の「仁の術」を人間のニーズ，欲求，利益の調整，権利や義務の概念で整理される人間行動の調整と捉えたうえで，支援にあたるヒューマンサービスを進めるには，「福祉心理学は，臨床心理学的アプローチとともに，権利に関する法心理学の確立が不可欠である」と指摘した。そのうえで福祉心理学を「健幸としての福祉（well-being）を志向する心理学」として，「人間における尊厳性と自己実現にかかわる理念，法制度及び実践に関する心理学」と定義した。

岡田（2004）は，福祉心理学は社会的弱者を対象にして，その人たちがどのような感情をもち，どのような人間関係を結び，物事を考えるようになるかを分析し，そのうえで，「社会的弱者と言われる人たちの精神的健康を増進し，快適な日常生活を送らせるようにし，かつ幸せ感を持たせるにはどうしたらよいかを科学的に明らかにすることを目的として生まれた人間科学」とした。

さらに十島（2004）は，臨床心理学者であり，また障害児の父である自身の経験から，ライフスパン全体から新しい療育の理論と方法に取り組む必要性を指摘し，社会福祉学と臨床心理学の境界領域にかかわる新しい学問とした福祉心理臨床学を「社会福祉の領域において心理学的臨床活動を実践するための理論と技法を提供するとともに，その実践活動を通して社会福祉に提供すべき新たな心理学的理論と技法を構築する福祉に特化された臨床心理学」と記した。

佐藤（2004）は，「福祉心理学は福祉に関する心理学的研究ということであり，社会福祉学研究の立場からも，心理学研究の立場からも，その研究が期待される学際的領域である」と指摘した。

それぞれの定義に相違はあるが，福祉心理学は，福祉領域，つまり社会福祉が対象とする人びとに対して心理学アプローチを図り，対象者の尊厳や自己実現を図る学問である，と捉えられる。

一方で，福祉は，あらゆる人びとの生活や暮らしに直結するものであること

から，福祉心理学が対象とする世界はますます拡がりをもっていくと考えられる。福祉をいわゆる社会的弱者に対するものとして捉えるだけでなく，福祉心理学は「この地球上に住むすべての人間が，心やすらかに，安全で，安定した生活をどう送るかという『生活の質』に目を向けなければなりません」（宮原，2006）の指摘が首肯できるものとなっていくに違いない。

3．福祉心理学の学びの世界

（1）生活支援とウェルビーイング

　福祉は人びとの暮らしを安心できるものにし，人生そのものを豊かにすることに密接に関係している。命の誕生から死までの生涯で豊かな生の営みが実現できていることは，生物心理社会モデルに示される環境に適応し，こころの在り方がウェルビーイングの状態であることを意味する。WHOが提唱する健康の概念には，健康であるとは，肉体的にも，精神的にも，社会的にもウェルビーイングの状態であるとしている。幸福や制度的な福祉を意味するウェルフェア（welfare）から，それを含意し，より包括的に人びとの暮らしや生活の質，自己実現にかかわるこころの在り方を表現するウェルビーイングが人生を豊かに幸福にする言葉として用いられている。では，「幸福とは何か」と問えば，さまざま答えがあろうが，「幸福ではない状況は」と問えば，多くの人びとが病気，失業，貧困，障害などを理由としたこころの豊かさを失う生活状況を思い浮かべるに違いない。日々の生の営みである生活は抽象的なものではなく，寝る，起きる，食べる，入浴するなど連綿と生涯続く暮らしそのものである。生涯の暮らしを見ていくと，彩りのある豊かな生涯を歩む人びとがいる一方で，乳児期から愛着関係，虐待，青年期のひきこもり，成人期におけるニート，高齢社会における孤独死など，さまざまな環境下で生じた問題がストレッサーとしてかけがえのない命を傷つけ危機的状況に追いやられている人びともいる。

　社会には「自己完結的な市民を主体として構成される社会制度から排除されたり，そこから必要な便益を引き出し得ない人びと，あるいは不利益や差別を被りやすい人びとが多数含まれる」（古川，2007）。古川は，不利益や差別を受けやすい傷つきやすい人を社会的にヴァルネラブル（vulnerable）な人びとと

して，種々の生活支援を必要とすることを指摘した。

　生活支援を必要とする対象者の理解に関係して，心理学の知識や技能によるアプローチが重要であるが，同時に子ども，若者，成人，高齢者のライフスパンごとに生じがちな，病気や障害，貧困などから社会的にヴァルネラブルな状況に対処できる法律や制度，具体的な支援の実際に関する知識も必要である。

　福祉心理学は，心理学を活かした心理面からの対象者理解に加えて，ヒューマンサービスにあたる生活支援をより適切なものにすることが必要であり，時にはそのための新たな生活支援の制度や仕組の創出にもかかわることも期待されている。網野（2010）は，心理面にかかわる臨床的福祉と法律や行政にかかわる制度的福祉が「車の両輪のように相互に影響し合い，相補し連携し合うなかで進展し，総合的福祉が展開される必要がある」と指摘している。

（2）ウェルビーイングを実現するために
①心理学を活かした対象者理解や支援

　赤ちゃんにみられる原始反射やさまざまな認知発達は，環境への適応を意味している。また姿勢，運動，言語，情動，社会性の各発達は，その後の生涯にわたる発達に影響を与えていく。こころの在り方に関係するウェルビーイングも，環境に適応するなかで学習されていく。もしも病気や加齢，障害，貧困などの影響によって，成長や発達，自立，社会参加などの生活状況が阻害されるとすれば，環境への適応から考え，ウェルビーイングの状態が適切ではないものに変容することも考えられ，その状態の改善が必要になる。そのためには，一次的な原因となる病気や障害，貧困などを経験することが，対象者のこころの在り方にどのような影響を及ぼすかについて心理学の知見を活かして，対象者理解を図ることが大切になる。仮に社会福祉の法律や制度面から対象者が抱える課題に対処できても，個別の支援として重要になる対象者のウェルビーイングにまで十分に配慮できない場合が少なくないことに気をつけなければならない。認知症高齢者へのかかわり，幼児期の虐待問題と愛着形成，発達障害の特性に関する理解など，社会がはじめて経験してきたさまざま課題の背景にある，こころの問題に適切に対処するためにも，福祉心理学の貢献が求められている。

アクティブラーニング1
ヴァルネラブルな人びとに対する生活支援としてどのようなことが必要であるのか，具体的に対象者を思い浮かべ書き出してみよう。

②こころの声を聴く

　ウェルビーイングは，人間関係のなかで学習され形成されていく。福祉の場面で援助者と被援助者の関係を考えたとき，より適切な関係のなかで援助や支援が行われれば，受ける側のこころにより多くの安心，安寧の思いが生まれる。相談支援やアセスメント場面，あるいは生活支援場面での何気ない会話のなかで対象者のウェルビーイングは学習されていく。その力が安定的であれば，環境への適応能力を高め，支援を受けながらも生活の質を高めていくことができる。より適切な人間関係を作るためにも，支援者は対象者に対する理解，とりわけ心理面から理解できる力を高めなければならない。相手の立場にたって，こころの声を聴くようなかかわりをもてるようにすることが大切である。

　個別援助技術として学ばれ続けているバイスティク（Biestek, 1957）の7原則の3番目に，「クライエントの自由な感情表現を大切にする」ことが記されている。

> Purposeful expression of feelings is the recognition of the client's need to express his feelings freely, especially his negative feelings.

　恐れ，不安，憤り，憎しみなどの否定的な感情も含めて，相手の声にならない思いや感情を自由に表出できるような，関係性を構築することが支援場面において重要であることに気づかされる。

③人間としての尊厳を大切にした支援

　認知症高齢者の感情について考えさせられる報道が心に残っている。そのお年寄りは注意されるが，大切な薬を飲むことを忘れてしまう。健康を気遣う息子から何度も注意されるが，物忘れを繰り返してしまう。しだいにお年寄りは元気を失い，自分を嘆き悲しむようになっていく。しかし，その理由は服薬という簡単なことができなくなったことではなかった。最愛の息子に何度も注意されることが悲しかったのである。ノートにいっぱい「また，叱られた」の悲しみの言葉が並んでいた。このエピソードから，どんなに認知機能が衰えたとしても，相手の感情を踏まえたかかわりをもつことが重要であることを銘記し

ておきたい．感情は人間らしさを表すこころの反映でもあり，相手の感情に配慮することは，その人自身がもつ人間としての尊厳を大切にすることに他ならない．

　高齢者分野で実践されている回想法，バリデーション法，ユマニチュードなど，認知活動や心理面にかかわるさまざまなアプローチがあるが，いずれも相手のもつ尊厳を尊重した人間らしさを取り戻す支援方法である．

④つながりのある社会と福祉マインド

　ヴァルネラブルな人びとが，身近な地域で安心して安寧に暮らしていくためには，誰も「仲間はずれ」にしないインクルーシブな共生社会の実現が必要である．そのためには，とりわけ，心理的なバリアーとなる偏見や差別感情を減少させ，なくすための取組が大切になる．思いやりや愛他行動につながる福祉マインドを育成することに，医療，保健，教育，行政，福祉など地域社会にある関係機関やそこで暮らす人びとが連携して取組んでいかなければならない．

　また，地域で暮らす一般市民のこころに福祉マインドが育まれていけば，人間関係が豊かになり，結果的にウェルビーイングの思いを共有する心理的なつながりが地域に生まれてくるであろう．親子関係，家族，夫婦，友人などのあらゆる人間関係が地域社会の中で形成されているが，それらの関係が安定し，より温かなものになるためには，社会を構成する人びとが相互に相手を思いやる福祉マインドを育むことが大切である．共に支え合いながら暮らしていくことに，人びとが，ウェルビーイングとして「こころの豊かさ」を実感できるような互助互恵の社会を実現していくことが，これからの福祉の課題であり，その課題に少しでも福祉心理学の研究や実践が役立てられなければならない．

アクティブラーニング 2
偏見や差別をなくし，「こころのバリアフリー」を実現するために，どのような取組が必要であるかについて考えてみよう。

文　献

網野武博（2004）．健幸としての福祉（well-being）を指向する心理学　福祉心理学研究, *1*(1), 2.
網野武博（2010）．制度的福祉への福祉心理学の貢献　福祉心理学研究, *6*(1), 7-8.
Biestek, F. P. (1957). *The casework relationship* (p.35). Chicago, IL: Loyola University Press.
古川孝順（2007）．生活支援の社会福祉学（p.7）有斐閣
宮原和子・宮原英種（2006）．福祉心理学を愉しむ（第2版，p.17）ナカニシヤ出版
岡田　明・宮本文雄・中山哲志(編)(2002)．福祉心理学―援助を必要とする人のために―（p.1）ブレーン出版
佐藤泰正（2004）．福祉心理学の成立過程について　福祉心理学研究, *1*(1), 9.
佐藤泰正・中山哲志・桐原宏行（編）（2011）．福祉心理学総説　田研出版
祐宗省三（編）（2003）．ウェルビーイングの発達学　北大路書房
十島雍蔵（2004）．福祉心理臨床学（p.1）ナカニシヤ出版

第Ⅰ部
乳幼児期

第 1 章
親性の形成

山喜高秀

アクティブラーニング1
あなたにとって、親になるとはどのようなイメージですか？　書いた内容について、みんなで話し合ってみましょう。また、これからテキストを読み進めていくなかでこのイメージがどのように変化していくのか、振り返りの参考にしましょう。

人は，この世界に子どもとして誕生し，親はもとより周囲の多くの大人たちや子どもたちのなかで大人へと育ち，いつしか異性と巡り合い，子どもが生まれたら自らも親と呼ばれる者になる。人の一生（発達）を鯨岡（2001）は，「『育てられる者』として誕生した子どもがいつしか『育てる者』に変身し，わが子を育て，わが子の成長を見守りながらおのれ自身も心的成熟を遂げ，前の世代を看取り，後続する世代に看取られてこの世から去るということである」と，端的に示している。

　しかし，子どもを育てる親になるということは，必ずしもたやすいわけではない。「育てる者」に変身するためには，しっかり「育てられる者」としての過程を経なければならない。筆者は，その過程を「心の器」の形成にたとえて，育てる側の親としての器を「親性（おやせい）」と表現したい。さらに，もう１つ押さえておかなければならないキーワードがある。それは，「関係性」という考え方である。切り分けられた個としての子どもなどどこにもおらず，子どもは親をはじめとする周囲他者との関係と離れては存在しない（Winnicott, 1966）。その関係性の質が「心の器」に大きく影響を与えることになる。

　本章では，子どもが乳幼児期に親との関係性の中でどのような体験を通して心の器を育てていくのか，あるいは親が子どもとの関係性の中でどのような親性を育てていくのかということについて説明していく。

1．心の器

　"心"は昔から「大器晩成」とか「器の広い人」と言ったように，よく「器」にたとえられるが，それにはそれなりの訳があるように思われる。一つは，土台から人の手で積み上げられながら作られていくことである。もう一つは，その形や在り様は，素材の質と作り手の考えや想い，双方を取り巻く環境に大きく影響されるということである。

　このような視点で"心"を見立てると次のように表現できよう。その人なりの"心"という器（人格）は，母親という人の中から気質と共に生まれ出てきた時から，多くの人とのかかわりの中で，成人（人と成る）と呼ばれる時期までにおおよそ作られていくといえる。では，具体的に"心"の器とはどのよう

なものなのか。これまでの多くの心理学の研究で明らかにされたことをふまえながら，器の成り立ちを見ていくことにする。

2．乳児期の心の器と親性

（1）心の器の始まり（胎児期の生活と情緒的絆）

　胎児は，妊娠12週目になると，ほぼ身体の形状や器官ができ上がり，それぞれが動き働き始める。これから世の中に出ていくための準備が始まるという。たとえば，誕生してすぐに使う筋肉（口角筋）を鍛えるかのごとく指しゃぶりが始まる。また，身体を曲げたりのばしたりして，最終的には子宮から出やすいような体位になるという。さらに，18週を過ぎると，外の音が聞こえたり，母親の腹壁上での閃光フラッシュが胎児の心拍数や体位の変化を引き起こすまでに網膜ができ上がるという。つまり，外界の世界を五感で感じ始めるということである（サドック & サドック／邦訳, 2004）。

　このころから，母親や父親はまだ見ぬわが子に自然と声掛けしたり，おなかの中の動きに合わせて手を当てながらつながりを求めようとする心情に満ち始める。この情緒的絆が親性の始まりである。つながった瞬間の感動はまるでET。

（2）母親の情緒的絆（ボンディング）

　母親の情緒的絆とは，うまい具合にわが身によって守られている子どもの充足感を感じながら，子どもへの気持ちがやさしく満たされたものになることをいう。また，それを楽しみ，ますますいとおしく思い，子どもに気持ちが向いて接近し，守ってあげたくなる感じになる状態である。

　この情緒的絆は，ボンディングと呼ばれ，その形成は妊娠期の胎動により触発され，また超音波で胎児の画像を見ることによって引き起こされることもある。母親は生まれてくる子について想像を膨らませ，お腹の中のわが子に話しかけ，胎動に呼応しながら強まっていくといわれる。

　それに応えるように，胎児は子宮内にいるときからすでに鋭敏な聴覚能力を備え，生後1か月以内に話し言葉を聞き分け，話し声を弁別して好んで反応す

るようになる。そして，出生の時点から新生児は人の顔に反応するようにプログラムされており，生後1-2日で人の顔を見て模倣をはじめ，6週間までには乳児の笑いは人の顔と結びつくようになるので，母親はわが子の笑いを引き出すことに熱中して過ごす（吉田, 2006）。

いよいよここから，心の器が形成されていくことになる。

（3）器の土台：基本的信頼感（0歳-1.5歳ころ）（Erikson, 1959）

「基本的信頼感」は，赤ちゃんに最初から与えられている力〈泣く＝求める力＝〉と，お母さんや養育者の親性〈授乳＝与える＝〉という自然で素朴な幾度も繰り返される関係性で作られていく感覚である。しかも，生きていくうえで最も大切な「この世は，つらく苦しくても，助けを求めれば生きていけるし何とかなる」という身体全体で味わい身に付けていく感覚である。この感覚があるから，人は「この世は生きるに値する信じられる世界だ」と感じながら人との間で日々生きていけるのである。さらに，この時期には，自分にとって大切で特別な人を心に宿していくという力も身に付けはじめる。当然ながら，その最初の人とは土台を作ってくれた人なのである。〈人見知り〉は，悪いことではなく，むしろ特別な人を宿し始めた成長の証といえる。この"心"の器の土台は，特別なことをするわけでなく，身体を抱えられながら〈生〉を紡いでいく授乳という何気ない日常の営みの中でできるのである。

しかし，この営みが大変なのである。親は，やりたいことがあっても，夜中にいくら眠くても，さらに心身の調子が多少悪くても，年間3,650回（平均10回／1日×365日）以上，わが子の命を紡ぐことに心を尽くすのである。これが，乳児期に求められる親性の基本である。

この日常がそがれた劣悪な状況の中では，人は人も世も信じられない『不信感』という感覚でできた穴の開いた脆い器の土台を作ることになる（Erikson／邦訳, 1973）。

3．幼児期の心の器と親性

手のひらに包めるほどの小さな生命が，温かい腕の中で大きくなり，そこか

ら這い出してヨチヨチ歩き始める頃までにできる"心"の器の土台については前節で述べた。「世の中は生きるに値する信じることのできる世界だ」という人生の土台となる感覚は，自分を信ずる感覚を芽生えさせ，身体の成長と共に「自信」という大切な次の器へとつながっていく。

自律と自信（自分は大丈夫だ）という器と親性（1.5歳-小学校入学前）

『三つ子の魂百まで』という諺がある。これは，幼児期（5-6歳ころまで）が，後の人生にとって重要な多くの力を身に付ける大切な時期であるという，昔から伝え継がれた経験上の知恵といえる。具体的に大切な力のいくつかを述べる。

①感情

そもそも感情とは何か？　感情とは，感覚を言葉に包んでもらえるなかで育まれていくもので，"心"の器をさらに作り，人との間で生きていくために欠かせないものである。たとえば，生まれてはじめて見る花火大会。それは，大きな音のうるささと光のまぶしさでしかない光景だが，それを隣で一緒に見ている家族が「きれいだねー」という言葉で包んでくれる。また，他にも「美味しいねー」「楽しいねー」「痛くてつらかったねー」等など，さまざまな感覚は感情へと変わっていき，それを人との間で「遣り取り」させながら共に生きていることを味わえるようになっていく。つまり，人とのかかわりのなかで，感覚から言葉に包まれた感情が芽生え，感情は情緒へと発展していくことになる。

子どもと共に同じものを眺め，共に動き関わり合いながら，人と共に生きていることのうれしさ楽しさを子どもが享受していくことを支える親性を共同性（麻生，2001）という。

②自尊心

二つ目の力（自尊心）は，排泄の練習（トイレット・トレーニング）という自分の身体を律する行為（自律：Erikson, 1959）とそれにまつわる「しつけ」という親性の中で主に作られていく力である。

親の腕の中にいた乳児の頃までは，いつでもどこでも許され受け入れられ親へのプレゼントとでも言えるようなウンチやオシッコが，幼児期には「良いウ

ンチ・オシッコ（オマルやトイレにしたもの）」と「悪いウンチ・オシッコ（お漏らし）」に分かれていく。そして「良いウンチ・オシッコ」には「偉いねー」というご褒美（喜び）の感情がつき，「悪いウンチ・オシッコ」には落胆や怒りがついてくる。ほんの少し前まではすべてが許されたのにそれが通じなくなるという，人生ではじめて出会う理不尽さをけなげに受け止め，褒められ喜ばれるというご褒美を手に入れるための努力（自分の意思で排泄をコントロールする）が始まる。その中で「自分は親や人を喜ばせる大した存在だ」という「自尊心」が芽生えることになる。この時期の親性は，「子どもが自らの身体を律して我慢する姿を見守り，『できた！』という事実を喜びとして確かに子どもに伝え返す」という関わりである。逆に，この子どもの変化を喜ばず，当たり前のこと，むしろまだ早く成し遂げねばならないと高い要求を強いてしまうと，子どもは自分を信用できず恥じてしまう存在となっていく。

③万能感から自信へ

　トイレット・トレーニングを通して育まれた「自尊心」は，さらに大きくなり「それどころか自分はもしかしたらウルトラマンやセーラームーンかもしれない」といった「万能感」という夢見る力へと変身していく。ヒーロー・ヒロインになりきって，小さな手から光線が本当に出て親や身近な大人の怪獣を倒していく。その表情はすでに，自分がウルトラマンになってしまったという確信に満ちたものとなる。しかし，この万能感という風船は，同じように万能感をまとった同年齢集団や隣の○○君との戦いごっこやケンカ（現実）の中で割れてしまう定めをもつ。それにもめげずに再び夢を膨らませる日々の中で，以前は飛べなかった階段の三段目から「飛べた！」といった，夢ではなく確かに変わった自分に出会う。「アレッ？」と自らの身体の発達に気づき，それを確かめるように親や周囲の大人たちに「ホラッ！」と飛んで見せ，周りも「アラッ！」と驚いて見せる。わが身に起こった変化という事実を確かめることによって，割れることのない「自分は大丈夫だ」という「自信」を手に掴むのである。言うまでもなく，この「自信」の背景には，しっかり子どもの変化を時の流れの中で見守っているという親性が存在している。

　ここまでの器を共に作ってくれた親を心に宿して，小学校へ入学していく。

小学新1年生が,「ハイ！ハイ！」と懸命に手を挙げるのは,そこにはいない がきっと喜んでくれると思う親が心の器の中に宿っているからである。

アクティブラーニング2
あなたが幼児だったころ夢中になって憧れたヒーローやヒロインは何でしたか？ それになりきって遊んだ記憶を思い起こしてみてください。その時に感じたワクワ クやドキドキ感, あなたの夢はその後どのように変化していきましたか？

4．あらためて親性とは

これまで述べてきた「育てられる者（子ども）」と「育てる者（親）」との関係性の中で作られる「心の器」を図にすると次のようになる。

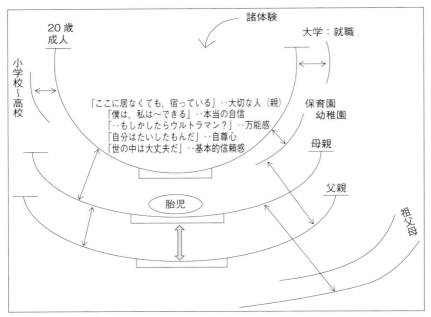

図1-1　乳幼児期の心の器

以下に，あらためて，これまで述べた「親性」についてまとめてみたい。

①胎児の頃

生まれてくる子について想像を膨らませ，お腹の中のわが子に話しかけ，おなかの中の動きに合わせて手を当てながら，つながりを求めようとする心情に満ち始めることができる。

②乳児の頃

やりたいことがあっても，夜中にいくら眠くても，さらに心身の調子が多少悪くても，わが子の生き死に心を尽くす。子育てはかならずしもたやすいわけではないが，深い喜びや楽しみをもたらしてくれると思える時を味わえる。

③幼児の頃

子どもと共に同じものを眺め動き関わり合いながら，人と共に生きていることのうれしさ楽しさを子どもが享受していくことを支える。子どもが自らの心身の発達という変化を，事実のこととして喜び確かに子どもに伝え返せる。

アクティブラーニング3
学習してきて，あらためて親になるということについてどう思いますか？　書いた内容について，みんなで話し合ってみましょう。

文　献

麻生　武（2001）．発達における共同性　東京大学出版会

エリクソン, E. H. 小此木啓吾（訳編）（1973）．自我同一性：アイデンティティとライフサイクル　誠信書房（Erikson, E. H.（1959）. *Identity and the life cycle*. New York, NY: W. W. Norton.）

鯨岡　峻（2001）．発達と心理臨床：発達心理学から　東京大学出版会

サドック, B. J.・サドック, V. A.（編）井上令一・四宮滋子（監訳）（2004）．カプラン臨床精神医学テキスト:DSM-IV-TR診断基準の臨床への展開（第2版）　メディカル・サイエンス・インターナショナル（Sadock, B. J., & Sadock, V. A.（Ed.）.（2003）. *Kaplan & Sadock's synopsis of psychiatry: Behavioral sciences/clinical psychiatry*（9th ed.）. Philadelphia, PA: Lippincott Williams & Wilkins.）

ウィニコット, D. W. 牛島定信（訳）（1966）．情緒発達の精神分析理論：自我の芽ばえと母なるもの　岩崎学術出版社（Winnicott, D. W.（1965）. *The maturational processes and the facilitating environment*. London: Hogarth Press.）

吉田敬子（2006）．アタッチメント障害とボンディング障害　日本評論社

第 2 章
乳幼児期の養育の課題

金城　悟

1．子育ての難しさ：メディアに表現された養育の姿

　ここ最近，子育てにまつわる議論がインターネットやSNS上で繰り広げられている。2016年に公開された初めて子育てを体験する母親の姿をリアルに描いたCMが話題になった。BGMの歌詞には赤ちゃんの夜泣きに体が強張る姿，赤ちゃんを抱っこひもでかかえながら両手に重い買い物袋を持ち家に帰る姿，肩や腰が悲鳴を上げている姿，イライラしている姿，他の母親が立派に見えてくる姿，散らかった部屋で立ち尽くす姿，自分の時間はすべて赤ちゃんのためにあるという姿が表現されている。CMの冒頭には子育ては長いトンネルのようだとの歌詞が流れる。2018年2月には絵本作家のNさんが作詞し公開した歌の歌詞がSNS上で話題になった。一人暮らしのキャリアウーマンと思われる女性が子どもができて仕事を辞め，パートで働きながらおしゃれもせず献身的に子育てに励んでいる姿が表現されている。いずれも「母親だけに育児を押し付けている」「ワンオペ育児[1]」をがんばっている母親を立派だと称賛している」「仕事を辞めなければ子育てできないのか」「父親の姿は？」など子育て中の母親を中心に賛否両論の議論が交わされた。実際に起こった話ではなく創作に過ぎないストーリーに対し，社会問題として話題になるほど敏感な反応が生じた現象を見ると，乳幼児期の養育には多くの課題が存在することが感じ取れる。

1）ワンオペ育児：母親が1人だけで子育てに取り組むこと。

2．乳幼児を養育する場

(1) 保育園・幼稚園・認定子ども園

　保育園[2]や幼稚園に通う園児が登園する時間帯に園舎を訪れると，毎回，大泣きする子どもの姿に出会う。まだ言葉の出ない子どもは親と離されることへの拒否感を力いっぱいの絶叫で表現する。言葉の出る子どもは「いやだ～」「ママといる～」「かえる～」など言葉，手足，全身を使って表現する。乳幼児期の子どもが母親と離れることに不安を感じること（分離不安）は自然な発達である。この時期に親と離れることは危険を伴うことが多い。乳幼児は外界の環境に適応する力がまだ備わっておらず，ときには命の危険にさらされる場合もある。愛着の対象である親から離れることをいやがる子どもの行動は子ども自身の生存本能・自己防衛本能があらわれたものである。いわば子どもの「生きる力」が発揮された場面であるといえよう。ところがあれほど泣いて親にしがみついていた子どもが園舎に入ってしばらくすると何事もなかったかのように遊びはじめる。乳幼児期の子どもは個人差が大きく，長時間泣く子どももいる。しかし，その子どもも降園時までの間に保育者や他児とのかかわりのなかで笑顔と笑い声が出現する。

　乳幼児の年齢は，児童福祉法によって乳児が0歳から満1歳未満，幼児が満1歳から小学校就学の始期に達するまでの者と規定されている。母子保健法では出生後28日を経過しない乳児を新生児と定義している。乳幼児期は心身の機能が著しく発達する時期であり，子どもの養育の中でも重要な時期であると位置づけられている。2017年度の総務省の統計では日本の乳幼児（0-5歳）の数は男女合わせて約598万人，全人口の約5％が乳幼児である。

　乳幼児の多くは家庭以外に保育園，幼稚園，認定子ども園で育っている。幼稚園は満3歳児から小学校就学の始期に達するまでの子どもを対象に，保育所は0歳児から小学校始期までの子どもを対象にしている。幼稚園は文部科学省

[2) 保育園は法律上「保育所」という名称が正式であるが，一般的には幼稚園に呼応する名称として保育園も使用されている。

の管轄で学校教育法に基づいた教育機関であり，保育所は厚生労働省の管轄で児童福祉法に基づく児童福祉施設である。2006年には「就学前の子どもに関する教育，保育等の総合的な提供の推進に関する法律（通称：認定子ども園法）」の制定により幼稚園と保育所の両方の機能をもつ認定子ども園が新たな子どもを養育する場として開設されるようになった。

乳児期の保育園利用者は12％であり，9割近くの乳児が家庭で育っているが，4歳から5歳にかけては9割以上の幼児が保育園，幼稚園，認定子ども園のいずれかを利用している（図2-1）。保育園，幼稚園，認定子ども園は子どもが育つ場として大きな位置を占めている。

（2）子どもを預ける場が足りない：待機児童問題

共働き世帯の増加に伴い福祉の領域である保育園に乳幼児を預けたいというニーズは高まっている。保育園の数は毎年増加しているが，入所希望に対応できず，待機児童数は増加している。2016年には「保育園落ちた日本死ね!!!」という保育園に入所できなかった母親の投稿が匿名ブログに掲載され，国会で取り上げられるほどの大きな社会現象となった。保育園の増設がはかどらないのは保育士不足が原因の1つであるという指摘もある。保育士は，子どもの命を預かり心身の健康な発達を支援する責任の重い職であるにもかかわらず，収入は全産業の平均額より低い。一方で，保育園を新たに建設する場合，地域住民から反対の声が上がり建設計画や開園が中断となるケースが増えてきた。子どもを厭う社会になったのかという印象さえ受ける。反対理由としては「子どもの声がうるさい」が最も多いが，「土地の評価が低くなる」「園周辺の道路事情が悪く園児が危険だ」という意見もある。都市部に保育園を建設する難しさが浮かんできた。待機児童問題は複雑な背景要因が絡み合っており，解決困難な課題となっている。子どもを託す場，託す相手が見つからない親は仕事を辞めざるをえない。待機児童問題は，子育て世帯のライフスタイルに影響を及ぼす乳幼児期の大きな養育課題となっている。子育て世帯のストレスは高まっている。

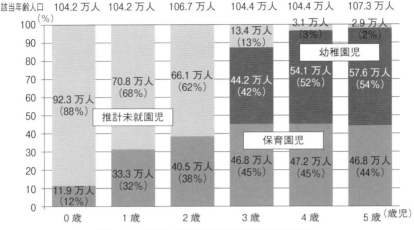

図 2-1　保育園と幼稚園の年齢別利用者数及び割合

出典：厚生労働省（2016）保育園と幼稚園の年齢別利用者数及び割合
　　　内閣府国家戦略特区ワーキンググループヒアリング資料

（3）実親から切り離された子どもの養育：社会的養護

　子どもは親が育てるものだ。みなさんは当然にそう思うかもしれない。しかし，実際は親以外のもとで育つ子どもたちがいる。児童福祉法や学校教育法では，子どもを育てる責任を負うものを「保護者」と呼んでいる。保護者とは「親権を行う者，未成年後見人その他の者で，児童を現に監護する者（児童福祉法第6条）」のことである。親権は子どもの利益のために子どもを監護及び教育する権利を有し義務を負うものであり（民法第820条），通常はその子どもの実親（父母）がもつ。子どもを虐待するなど子どもの利益を著しく害する場合は家庭裁判所の審判によって親権が剥奪されることもある（親権喪失：民法第834条）。親権喪失に該当するような親であっても，改善される可能性がある場合は，一時的に親が親権を行使できないようにする親権停止（最長2年間）という制度も2011年の法改正で制定された（民法第834条の2）。親権は親が永遠にもてるものではなく，子どもの最善の利益を図ることのできるものがもつべきであるという理念によるものだ。実親が親権を喪失すると，その子どもには家庭裁判所により未成年後見人が選任され，実親に代わる保護者として子どもの権利を守る存在となる。

実親が児童虐待などで親権を剥奪された場合や子どもを養育する力がない場合は，児童相談所の判断により，その子どもを「小規模住居型児童養育事業を行う者若しくは里親に委託し，又は乳児院，児童養護施設，障害児入所施設，児童心理治療施設若しくは児童自立支援施設に入所させること（児童福祉法第

アクティブラーニング1
あなたが子どものころに親と切り離されたらどのような心の状態になるだろう。あなた自身の子どものころを想い出して書き出してみよう。

27条第1項第3号)」で育てることになる。実親が育てることのできない子どもを社会が育てる制度を社会的養護という。社会的養護のうち、乳幼児は家庭養護（里親など）や乳児院、児童養護施設で主に養育される。

親と切り離されて施設に入所する子どものなかには感情や思考をコントロールすることが苦手で、対人関係に問題を抱えているケースが多く見られる。子どもが親と切り離されることはそれ自体が子どもにとって危機的な状態であり、新しい暮らしの場である里親宅や施設に適応するには時間がかかる。子どもに安心・安全な居場所であることの認識を高めるためには、不安や恐怖で泣き出した子どもを養育者が抱きしめるなどの愛着的なかかわりや子どもの赤ちゃん返りや試し行動などに対し受容的に接するなどの心理的なケアが必要になる。

3．乳幼児期の家庭内養育の課題：親の育児不安

育児不安は「乳幼児を抱える養育者に、育児に関連して感じる日常のささいな混乱が蓄積された結果生じた、否定的な情動、育児への制御不能感」である（輿石，2005）。育児不安は子育てに対する負担や悩みと捉えることができる。0歳から15歳の子どもが1人以上いる親626人を対象にした厚生労働省（2015）の調査では、父親の約7割、母親の約8割が育児不安を抱いているという結果が得られた。父親よりも子育てに関わる時間の多い母親に育児不安を感じる率が高い。深谷ら（2008）の一連の研究では育児不安傾向の強い母親は「専業主婦で、仕事を辞めたことを残念に思い、高学歴で20代前半で出産し子どもが2人、核家族で育児を1人で担っている母親」という特性が明らかにされている。「孤育て」「ワンオペ育児」とマスコミで呼ばれる現代社会の母親の姿と重なる。核家族化で子育てを補佐する家族構成員がいない家庭の増加や子育てを相談する相手や公的な相談機関が充実していないなかで、乳幼児の子育てが孤立化する傾向にある。本章の冒頭で紹介したメディアに表現された養育の姿は現代の孤独な子育てが一般化している現状を反映したものだ。

政府は2015年に社会全体で子育てを支える「子ども・子育て支援新制度」をスタートさせた。新制度が行う事業は多岐に渡るが、この中でも「地域子ど

も・子育て支援事業」と「仕事・子育て両立支援事業」に注目したい。地域子ども・子育て支援事業においては親の育児不安に対する相談を行う利用者支援事業や子育ての孤立化・負担感を防ぐため親子が気軽に集い子育て情報を共有することができる場を提供する「地域子育て支援拠点事業」が実施される。妊娠期から子育て期に渡る切れ目のない支援を行う「子育て世代包括支援セン

アクティブラーニング２
母親たちはなぜ３歳児神話に苦しめられていたのだろう。３歳児神話のネガティブな影響の例を考えて書き出してみよう。

ター」を市区町村に設置することもはじまった。仕事・子育て両立支援事業は，企業内に保育施設を設置し（事業所内保育）多様な就労形態に応じた保育サービスを提供することや従業員のベビーシッター利用について支援する。子ども・子育て支援新制度はこれまでの子育て支援とは異なり，役所やインターネットなどで子育て情報を得ることが難しく孤立化しやすい世帯（情報弱者）に対し積極的に出向いて相談を行う（アウトリーチ）仕組みを取り入れたことだ。子育て支援の先進国である北欧，特にフィンランドのネウボラ（出産・子育て支援センター）のシステムを導入した自治体も増えてきた。新制度が親の育児不安や子育て負担を低減する切り札になるのか，絵に描いた餅にならないよう期待を込めて今後の展開を見守りたい。

4．乳幼児期の家庭外養育の課題：就学前の保育・教育の影響

　乳幼児期の子どもの養育が人間の発達にとって重要であるという考え方のひとつに「3歳児神話」がある。3歳児神話とは3歳までの子育ては母親が専念すべきであり，母親の就労などで母子の接触時間が短ければ短いほど子どもの将来の発達にネガティブな影響を及ぼすという考え方である。この考え方は日本でも一般的に広くいきわたっており，子どもが生まれると仕事を辞めて育児に専念し，復職は子どもが3歳を迎えてから，という見えない圧力となって影響している。

　網野ら（2002，2005）は2,000人以上の中高生とその保護者を対象に乳幼児期における保育経験のその後への影響を調査した。その結果，乳幼児期における保育経験，特に早期からの保育経験が，思春期，青年期，成人期における親子関係の発達や対人適応，自尊心の発達を阻害することはないことを見出した。

　網野らの研究結果は，乳幼児期に母親の就労等で母親と離れて保育を受ける（保育所等）経験が子どものその後の発達にマイナスの影響を及ぼすことはないことを示したものであり，3歳までは母親のもとで養育すべきであるという3歳児神話を否定するものである。この研究結果は3歳児神話に苦しめられた母親を励ますものであろう。

　一方，アメリカを中心とした海外の大規模な調査や縦断的研究の積み重ねで，

乳幼児期の家庭外の養育環境や教育の質と児童期以降の発達との関係が明らかにされてきた。たとえば，アメリカのハイスコープ教育財団が1962年に開始した「ペリー幼稚園プロジェクト」は貧困地域（家庭）で育つアフリカ系アメリカ人123人の子どもたちを質の高い就学前教育を行う群（58人）と就学前教育を実施しなかった群（65人）に振り分け，さまざまな社会的変数について40年間の追跡調査を行っている。その結果，就学前教育を受けた群は受けなかった群より基礎学力，高校卒業率，経済的生産性，持ち家率，犯罪率，健康面などで優れた結果を示した。同じくアメリカの国立子ども人間発達研究所（NICHD）が1991年から実施している1,000人以上の子どもを追跡した大規模な縦断的研究でも質の高い保育を受けることは子どもの知的・情緒的発達や社会的発達に良い影響を及ぼすことが示された。OECD（Organization for Economic Co-operation and Development：経済協力開発機構）の報告書（2011）でも乳幼児期の教育とケア（ECEC：Early Childhood Education and Care）の重要性が指摘され，ECECの供給・整備は各国が公共財として投資すべき対象であると提言している。2000年にノーベル経済学賞を受賞したヘックマン（2013）は幼少期の早期に教育を豊かにする介入を行うことにより，子どもの認知的スキルや社会的・情緒的スキルが向上し，社会の発展にとっても効果的であると指摘している。

　国内外の一連の研究によって就学前の乳幼児期に家庭外で質の高い保育・教育を受けることは，子どもの発達にとってプラスの影響があることが示された。乳幼児期に劣悪な家庭環境で育った子ども（貧困や虐待など）は心身の発達や行動面にネガティブな影響が生じることが最新の心理学的研究や脳科学領域の研究で知られている。このことは，たとえ乳幼児期の家庭環境が劣悪であっても，質の高い保育・教育を受けることで子どもに良い変化が生じる可能性を示している。

まとめ：今後の学習のために

　女性の就労増加により保育施設に子どもを預ける家庭が増えてきた。母親が子どもを直接養育する時間は短くなる傾向にあるが，母性的な養育が子どもの

愛着や愛着行動の形成にとって重要であることは変わらない。愛着理論（アタッチメント理論；ボウルビー／邦訳, 1993）や母性について分析した本（深谷, 2011）などを読み, 乳幼児の子育てにおける母性的養育について考えよう。これからの家庭内養育で重要なカギとなる父親の子育て参加（イクメン）のあり方についても併せて考えてみたい。

文　献

網野武博（2002）．保育が子どもの発達に及ぼす影響に関する研究　平成13年度研究報告　厚生科学研究, 217-289.

網野武博・安治陽子・尾木まり（2005）．0歳からの保育が子どもの発達に及ぼす影響に関する研究　上智大学社会福祉研究, 26, 1-41.

ボウルビィ, J. 庄司順一他（訳）二木　武（監訳）(1993)．母と子のアタッチメント：心の安全基地　医歯薬出版（Bowlby, J. (1988). *A secure base : Clinical applications of attachment theory*. London: Tavistock/Routledge.

ヘックマン, J. J. 古草秀子（訳）(2015)．幼児教育の経済学　東洋経済新報社（Heckman, J. J. (2013). *Giving kids a fair chance*. Cambridge, MA: The MIT Press.）

輿石　薫（2005）．育児不安の発生機序と対処法略　風間書房

深谷昌志（編）(2008)．育児不安の国際比較　学文社

深谷昌志（編）(2011)．日本の母親・再考　ハーベスト社

OECD（編著）星三和子他（訳）(2011)．OECD保育白書：人生の始まりこそ力強く：乳幼児期の教育とケア（ECEC）の国際比較　明石書店（OECD (Ed.). (2006). *Starting strong II: Early childhood education and care*. Paris: OECD.）

Schweinhart, L. J., Montie, J., Xiang, Z., Barnett, W. S., Belfield, C. R., & Nores, M. (2005). *The High/Scope Perry preschool study through age 40*. Ypsilanti, MI: High/Scope Press.

第3章
児童虐待の意味するもの

山喜高秀

　虐待の増加が止まらない（図3-1）。メディア上でも毎日のように子育ての不調により，親も子もその関係も生死にかかわるほど深刻な状況となっていると表現している。しかし，その深刻さを，私たちはどれ程分かっているのだろうか？

　筆者は，これまで情緒障害児短期治療施設（以下，情短施設；平成29年4月児童福祉法の改正により，児童心理治療施設に名称変更）という臨床の場に携わってきた[1]。そこでの事例を通して，「児童虐待が意味するもの」について考えてみたい（山喜，2012）。

1. 臨床事例：胎児期から育ち直したA君
　　　　（事例はプライバシーに配慮し，内容を損なわない程度に修正を加えている）

　A君は，家の中に複数の男女が住み，誰が父親かきょうだいか分からないという家族の形をなしえていない劣悪な環境の中で生まれ，実母は生後間もないA君を残し失踪。周辺からの通告により4か月で乳児院へ措置され，その後児童養護施設へ措置変更される。しかし，そこでも他児より施設内虐待を受け，さらに小学4年生の時に情短施設へ措置変更されてきた男子である。児童相談所からの措置変更理由は，夜尿・遺尿・遺糞・抜毛・パニック・自傷他害・愛

---

1) 情短施設：昭和37年全国で初めての入所施設が岡山（津島児童学院）に開設，現在は全国で46施設。軽度の非行児や登校拒否児（当初の呼称）が短期間（おおむね2年）の集団生活を通して成長し各々の地域に元気に戻れた昭和50年代までの時代。その後，重い強迫性障害（病的なこだわり：たとえば，手洗い強迫）や摂食障害といった重篤な精神症状を有する子どもたちの増加。平成からは，人生最早期（胎児期）から虐待という過酷な生育環境の中で人格の基底部分からつまずきを抱えて入所，年々その数も深刻さも悪化の一途をたどっている。

34　第Ⅰ部　乳幼児期

児童相談所での児童虐待相談対応件数とその推移

1. 平成27年度の児童相談所での児童虐待相談対応件数
　平成27年度中に、全国208か所の児童相談所が児童虐待相談として対応した件数は103,260件（速報値）で、過去最多。
　※　対前年度比116.1%（14,329件の増加）
　※　児童相談対応件数とは、平成27年度中に児童相談所が相談を受け、援助方針会議の結果により指導や措置等を行った件数。
　※　平成27年度の件数は、速報値のため今後変更があり得る。

2. 児童虐待相談対応件数の推移

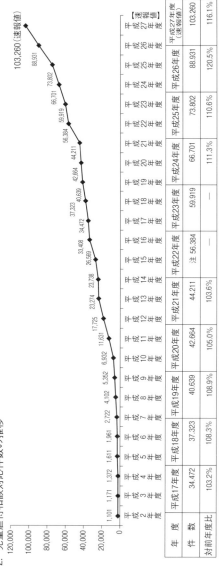

年度	平成17年度	平成18年度	平成19年度	平成20年度	平成21年度	平成22年度	平成23年度	平成24年度	平成25年度	平成26年度	平成27年度（速報値）
件数	34,472	37,323	40,639	42,664	44,211	注 56,384	59,919	66,701	73,802	88,931	103,260
対前年度比	103.2%	108.3%	108.9%	105.0%	103.6%	―	―	111.3%	110.6%	120.5%	116.1%

注）平成22年度の件数は、東日本大震災の影響により、福島県を除いて集計した数値。

3. 主な増加要因（平成26年度と比して児童虐待相談対応件数が大幅に増加した要因に考えられることとして、児童が同居する家庭における配偶者に対する暴力がある事案（面前DV）について、警察からの通告が増加。
　・心理的虐待：　平成26年度：38,775件→平成27年度：48,693件（＋9,918件）
　・警察からの通告：平成26年度：29,172件→平成27年度：28,522件（＋9,350件）
○児童相談所全国共通ダイヤルの3桁化（189）の広報や、マスコミによる児童虐待の事件報道等により、国民や関係機関の児童虐待に対する意識が高まったことに伴う通告の増加。

図3-1　児童相談所における虐待対応件数と子どもの死亡件数の推移（厚生労働省発表資料より）

着障害等々であった。

　ちなみに，虐待を受けてきた子どもたちの入所措置上の諸文書には，その子の「主訴（本人が困って訴える内容）」という形での表記はほとんど見られない。ここに虐待という問題の本質的テーマがうかがわれる。臨床の目的が，その子の本来の主体感（この世界で生きていたいという感覚）を取り戻すことにあるとすれば，被虐待という児童福祉の領域での子どもたちは，そもそも取り戻すべき主体感自体が奪われ損なわれてきたケースがほとんどである。

　A君の生き延びてきた軌跡も，実母の失踪とその後も続くネグレクト（遺棄・放置）を理由に入所した乳児院での生後4か月からの生活記録からしかない。その記録は，手づかみで食べ散らかす（人との間で満たすことのない剥き出しの欲求），夜尿などの排泄にまつわる問題（丸ごと受け止めてもらえないという深い不安や不全感）など，枚挙にいとまのない辛い内容に溢れていた。その一方で，乳児院も養護施設も被虐待児のケアに手厚い施設であったが，日常生活でのA君を写した写真が他児に比べ不思議なほど極端に少ないという「存在の薄さ」を漂わせた子どもであった。

　A君は，情短入所3日目に「ボク，ここに住むことにした」と呟いた晩から，自らの支援について施設スタッフに問いかけてきた。それは，その晩から1年以上続くことになる一晩2回の大量の夜尿とその世話（着替えやシーツ交換）に関する事象であった。まるで，オシッコを溜める箇所が身体にいくつもあるのではと思えるほど，就寝前のトイレを済ませても必ず毎晩大量の夜尿の中で深い眠りにつく。「さぞや冷たかろう，寝苦しかろう」というこちらの思いとは裏腹に，介助の手が身体に触れるや否や地の底からとも思えるような絶叫でパニックに至る。日中の覚醒時には常に緊張と怒りを漂わせ，ひとたび他児やスタッフとの間でつまずくと恐怖なのか怒りなのか分からぬ表情で自分のベッドの上で「寄るな！触るな！」と全裸で仁王立ちする。最後は，目を背けたくなるほどの自傷にまで至る。せめてお風呂だけでもゆっくりできればと願う職員との入浴も，こわばった表情で壁を背に警戒しなければ入れない。

　このようなA君をどう腑に落とせばいいのか，朝の申し送りからカンファレンス（支援のためのスタッフ間の話し合い）が始まる。「夜尿（不思議と無臭に近い）が意味するものは……唯一安心して眠りにつける場として自らの身体

で用意した大量の羊水ではないか……であれば，A君がいかに安心してそこから抜け出し再び生き直せるのか？」，「食べることや湯船につかることが快くなり，さらには人と共にいることが心地良くなるためにどのような工夫ができるのか？」。この子にかかわる全スタッフが事あるごとに集まり，A君のペースで育ち直しできる世界について話し合う日々が積み重なっていった。たとえば，食べること，眠ること，排泄することに寄り添い，「おいしいね」「眠いね」「たくさん出たね」とA君の一つ一つの行為を言葉で包んでいく。パニックに至った時は，とにかくその始めから治まるまで傍に大人が寄り添うなど，生活の中での現象をA君の育ちの中の必然（起こるべくして起きていること）として捉えていくことをスタッフの課題としていった。

　半年後，夜尿の世話がほんの少しスムーズになる。就寝時にスタッフがたまたま触れたおなかから出た「ポンポコ（昼間のパニックで呑み込んだ腹部の空気の音）」に乳児のように興奮して笑いこちらも笑い返す。それから「先生！ポンポコ！おなかさすって！」が毎晩の日課になる。皮肉なことにポンポコが聞こえる日はそれだけ辛い日だったということだが，スタッフに触れられながら寝入る日が積み重なっていく。そして，入所後はじめて風邪をひき額に手を当てられ身体のケアを受け入れ始めたA君の様子を，うれしそうに申し送るスタッフが増えていく。お風呂では，恐る恐るスタッフの身体を触りながら次第に洗ってもらうことを受け入れ，湯船（ゆだ）の中で身体をこちらに委ねて気持ちよさそうにプクプク浮かべるまでになる。絶叫は，「せんせい！　いやだ！　悲しいの？　怒ってるの？」という言葉に変わり，その後，就寝前のベッドサイドで「ぼく，死なないの……？」と内なる深い不安は言葉になってスタッフへ出せるようになり，彼のペースで確実に成長を遂げていくことになる。

2．A君の事例の意味するもの

（1）胎児期という発達段階

　A君の事例に見る臨床的課題は，胎児期からの育て直しであった。第1章「親性」でも述べたように，発達の始まりは，受精卵から胎芽（たいが）（妊娠8週-12週まで）を経て，その後の子宮の中の生活を通して発達する胎児期と呼ばれる発達段階

アクティブラーニング1
このA君の事例を読んで，あなたは何を感じ何を思ったでしょうか？　書いた内容について，みんなで話し合ってみましょう。

からと言われている。

　生後4か月からの乳児院生活からしか生の軌跡がないA君の胎児期の生活はいかばかりであったろうか。A君の羊水を思わせる夜尿とその中での熟睡は、彼の胎児期という生活がそこまで損なわれていなかったのではという思いと、そこまでしか育っていないのかという思いが交錯したようなカンファレンスの空気を思い出す。

（2）感覚から情緒へとつなぐもの

　では、この胎児期という人生最早期の段階から次の発達のステージへとつないでいく臨床とはいかなるものか？

　これは、それまでのサバイバルという危うい世界で刷り込まれた感覚や情動の世界から、人と共にいることが安心できるという共同感覚をもてるように育てるところから始まる。それは、従来の心理面接室で行われることではなく、身体ケアをはじめとした日常の生活（眠る、食べる、排泄するなど）でのトリートメント（手当）を通して、その子といかにつながっていくかということにかかっている。たとえば、A君が自らの身体に触れられることを受け入れたなかで聞こえてきたおなかの中からの「ポンポコ」という音に、こちらと情動レベルでつながったことなどである。

　この点に関しては、近年の親─乳幼児精神医学や精神分析的発達理論における知見がとても参考となる。丸田・森（2005）は、「間主観性の軌跡」の中で、これまでの理論の流れをまとめている。その中で、スターン（Stern, 1985）は、子どもの精神発達の基盤は養育者との言葉以前の交流を通して形成される情動調律（affect attunement）という人とのつながりにかかわっていると指摘する。また、他にも養育者（治療者）が子どもの中で生起した情動を（容器containerとして）受けとめ緩和することを通して子どもが自己を包容できるようになること（Bion, 1967）、そのためにはスタッフ間に分裂やズレがないような一貫性のある抱える環境（Winnicott, 1967）や「子どもの必要に応じられるようにそこに在る」ことという情緒的応答性（Emde, 1983）が欠かせないといった、子どもが育つことに関する多くの研究に基づく理論が見出されている。これらの深い見識を日常の臨床場面に照らし合わせてみることも必要

であろう（丸田・森, 2005）。

(3) 解離(かいり)から解かれるために

　入所してきた当初の子どもたちは，まるで自己紹介するかのように，これまでの過酷な世界で刷り込まれ身に付けてきたさまざまな心的防衛機制を，生活の中で現わしてくる。たとえば，まるで他人事のように，自らの腕に残された煙草による火傷(やけど)や裂傷の跡を見せて，その時の様子を他人事のように感情を切り離しながら話してくる解離（限界を超える苦痛や感情を自分の感覚や記憶から切り離す），その世界を少しでも受け取ろうとするこちら側の方が，心的混乱と深い不安の中に放り出された感覚となる。その感覚の抱えられなさから，「大変だったね。辛かったね。」という言葉で括(くく)ろうものなら，「自分に起きたことはそんなに簡単に伝わるものなのか？」あるいは「ほか（外・他）の人にも分かるほど日常的な出来事なのか？」，さらには途端に表情を一変させ「分からないくせに！　本当の怖さを味あわせてやろうか！」と言わんばかりの怒りと攻撃が噴出てくる（攻撃者との同一化・虐待状況の再演）。

　こういった光景が日常生活の些細な場面で立ち現われてくるなかで，生活を共にして援助する大人たちに求められていることは何であろうか。まず，この子たちが収められるはずもなく隠蔽(いんぺい)されてきた世界に二次的であろうが晒(さら)されながらも，何とか「今・ここにある」食べ物の温かさや味，寝床やお風呂の心地よさを共に味わえるようになるまで侵襲(しんしゅう)し過ぎぬ程の距離の中で見守れるよう心掛けることである。

　その後，子どもたちは少しずつ解離から解かれていくが，それは同時にさまざまなものを失ったという喪失感を味わうという成長のパラドキシカルな局面を迎えることになる。解離という身を護る手立てを失うということは，痛みは痛みとして，悲しみは悲しみとして，辛い出来事は実際の事実として受け入れるようになるということである。この一見成長とも捉えられる変化は，心理的にはかえって辛くきつい状況となっていく。

　その時こそ，その子たちと異なる世界で生きてきて，人との間で味わった幸せと楽しみをもつスタッフの役割が問われるところとなる。「あなたの味わった苦しみを如何に想像しても本当に分かることは難しいが，この世にはあなた

の知らない面白いことや楽しいことがある」ことを，求められた時にしっかりと伝えられる存在でありたい。後追いしたくなる大人がいることの安心感を味わえるようになれれば，大きなヤマを越えることになる。

3．児童虐待の意味するもの

（1）求められる器としての生活・心理臨床的環境

　深い傷を負い福祉の世界につながった子どもたちを抱える器としての生活・心理臨床的環境について，いくつかそのポイントを挙げてみたい。

　まず，「生の保障性・予測可能性・平穏性」という何気ない日常のもつ生活の治癒力を備えた，その子が安全で安心できるという感覚を味わえる環境が設けられることである。今を生き延びることにすべてのエネルギーを注いできた日々とは異なる生活があることを実感するには，朝には朝の夜には夜の変わり映えしない，しかし裏切られることのない時の流れが保障されることにある。

　次に，それぞれの子の育ちのペースに応じた，またその時々の発達課題に基づいた個別的療育的環境を設定することである。つまり，二人はもちろん独りで居ることも難しい昏迷に近い世界にいる子，独りでしか居られない子，かろうじて二人関係は保てる子，集団での楽しさを味わえる子など，それぞれの子に合わせて生活日課を組み立てていくことである。ある子は，とにかく食べ物をその身体に取り入れて，過覚醒と興奮を鎮め眠れるための環境をつくることだけが求められる子，とりあえず他児とではなく職員に寄り添いの食事や入浴，入眠を求め始めた子など，それぞれの子の状態に合わせた生活を組み立てていくということである。

　そして，援助する大人以上に必要な存在は，「僕（私）もあのお兄（姉）ちゃんのようになれるかな？」「君は，ここに入ってきた時の僕のようだ。でも大丈夫，ここでは変われるよ」といったさまざまな育ちの中にいる他の子どもたちの存在である。共に生きている子ども同士が織りなす集団の治癒力を育むことである。しかし，このことの実現は，かなり難しい。問題を雪だるまのように増幅させ，さらなる生活への困難へと続く悪循環のスパイラルのなかに閉じ込めていくリスクもかなり高い環境なのである。

アクティブラーニング2
学習してきて，これから親になるであろう皆さんにとって，この児童虐待という問題にどのように向き合っていけばいいと思いますか？

(2) 関係性を支えるということ

　親と子は，縁という選べない関係性の中に立つ。その中で，子どもは生まれてきた甲斐を確かめながら育っていくことが保障されるべきだが，そうではない虐待という現実がそこに在る。A君の「僕は死なないの？」という問いかけに，私たちは，世の中は，どうこたえられるのか？

　「胎児期から育ち直しをしなければ……」と返すか，「お母さんはあなたを十月十日守り通した」と伝えるか，そこまで遡（さかのぼ）りながらの支援が求められる。さらに言えば，そのお母さんがA君を身ごもる前から，社会がお母さんをどう守り支えればよかったのかという課題が，ますます重く問われる時代である。

　また，「虐待」という表現自体が，保護者や養育者を責めて追い詰め，ますます子育てを危うくしている感は否めない。保護者・養育者はその昔は「育てられる者」であったはずである。「育てる者」として責める前に，「育てる者」へと役変わりしていく発達を社会がどう支えていけるのか，喫緊の課題である。

文　　献
丸田俊彦・森さち子（2005）．間主観性の軌跡　岩崎学術出版社
山喜高秀（2012）．生活臨床のできる心理職とは　福村出版

第Ⅱ部
児童期

第4章
いじめ理解の基礎

深谷昌志

アクティブラーニング1
この章ではいじめの問題を考えたいと思います。あなたはいじめについて，どのような体験をもっていますか。昔を思い出しながら，具体的にいじめの状況を書いてください（加害者の立場でも，被害者の立場でも結構です）。

書いた内容について，みんなで話し合ってみましょう。

1. 事 例

(1)「葬式ごっこ」(1986年)

1986(昭和61)年に中野富士見中学で起きた「いじめ」の概要です。

　S君は1984年4月に杉並区立富士見中学に入学した。しかし，2年に進級し，クラス替えがあった頃から，小柄で内気のS君は仲間から買い物の使い走りをさせられる「ツカイッパ」扱いを受けるようになる。
　2学期に入ると，プロレスごっこの投げられ役にされる，服を脱がされる，顔に髭を描かれて廊下にたたされるなどのように，S君に対するいじめがエスカレートする。そして，11月14日に，教室で「S君が死んだことにしよう」という「葬式ごっこ」が始まり，S君の机に写真や花が置かれ，学級の全員からの「いなくなってよかった」などの寄せ書きもあった。
　3学期の始業式の日，8人の子からひどい暴行を受けるなど，いじめのひどさが増す。この頃から，S君は学校を休むようになる。学級の多くの子はS君の状態を知ってはいたが，いじめグループと関わりたくないので，見て見ぬふりをしたといわれる。S君の父親は，10月頃から，担任にいじめを止めて欲しいと訴え，担任も口頭では注意してはいるが，いじめはひどさを増すばかりで，2月1日に祖母のいる盛岡の駅ビルで，「ぼくだってまだ死にたくない。だけどこのままじゃ『生きジゴク』になっちゃうよ」の遺書を残して自殺する。
　1991年3月の東京地裁はいじめと自殺との因果関係を否定したが，遺族の控訴を受けた東京高裁で，1994年5月，「普通の人なら苦痛を感じるはず」といじめの存在を認め，都と区，同級生2名に1,150万円の賠償命令を下している。そして，主犯格の2人は保護観察処分となった(朝日新聞社会部, 1986)。

(2) O君事件(1994年)

　S君の事件は30年ほど前の出来事なので，学校も司法も，いじめの深刻さを理解できず，ふざけの延長程度に評価している。それから8年後の1994(平成6)年11月，愛知県西尾市立東部中学2年生のO君がいじめを受けて長文の遺書を残して自殺をする。遺言が新聞で報道され，社会的に大きな衝撃を与えた。

　O君と加害者Aとは小学校高学年時代からの付き合いだが，体力のずば抜けたAは8人位の子と極悪軍団を作り，Aが「社長」，けんかの弱いO君は「パシリ」扱いされた。中学1年の2学期頃から「カバンを隠される」や「自転車を壊される」などのいじめが始まり，2年生になると，いじめがエスカレートし，「毎日のように殴られる」や「女子の前でズボンを脱がされる」，「毎日のように多額の現金をせびられる」などの日々が続き，11月27日に自宅の裏庭で自殺するが，12月1日に，O君の引き出しから長文の遺言が見つかる(豊田, 1995)。

アクティブラーニング2
あなたが，S君やO君の友だちだったら，どう助言すると思いますか。

以下の文章は，O君の遺言からの抜粋です。

　　家族のみんなへ。14年間，本当にありがとうございました。僕は，旅立ちます。でもいつか必ずあえる日がきます。その時には，また，楽しくくらしましょう。(中略)
　　いつもいつも使いぱしりにされていた。それに自分でははずかしくできないことをやらされたときもあった。(中略)
　　自殺理由は今日も，4万盗られたからです。(中略) そして，そいつに「明日，『12万円』もってこい」なんていわれました。そんな大金はらえるわけ，ありません。(中略) そして今日は，2万円とられ，明日も4万円ようきゅうされました（25日）。
　　なぜ，もっと早く死ななかったかというと，家族の人が優しく接してくれたからです。学校のことなど，すぐ，忘れることができました。けれど，この頃になって，どんどんいじめがハードになり，しかも，お金が全然ないのに，たくさん出せといわれます。(以下略)

(3) 大津市中2いじめ自殺事件（2011年）

2011年10月11日，大津の中学2年生が自宅のマンションから飛び降り自殺をした。10月17日に学校は全生徒にアンケート調査を実施し，その結果をもとに，11月上旬，学校は保護者会で自殺といじめとの因果関係は分からないと説明し，教育委員会も学校側の説明を了解したが，遺族は，2012年1月に同級生3名とその保護者，大津市を提訴する。7月に共同通信が学校や教育委員会がアンケート結果を隠蔽していたことを報道し，これがきっかけで，滋賀県警は学校などに捜査を行い，加害者と見られる2名の中学生を書類送検した。そして，8月に市が立ち上げた第3者委員会は，翌13年1月，「いじめが自死の直接的要因」とする調査報告書を提出した。

　以下は，第3者委員会がK君の事例をいじめと判定した内容の一部です。
　1　トイレで殴られたり，蹴られたりして，暴行をされた
　2　毎日のようにズボンを脱がされ，写真をとられた
　3　椅子に縛り付けられ何人かから殴られた

    4　運動靴に小便をかけられ，靴がくさいといわれた
    5　銀行口座の番号を言わされ，お金を使われた
    6　ヘアカットと呼び出され，陰毛をライターで燃やされた
    7　全裸にされ，射精を強要される
    8　コンビニで万引きするように強制された

2．いじめの基礎理解

（1）いじめの4層構造

　森田洋司（大阪市大名誉教授）は1986年に「いじめの4層構造」を提起している。多くのいじめは学級内で起きることが多いが，学級内での子どもの立場は，①加害者（いじめている子），②被害者（いじめられている子），③観客（喜んで見ている子），④傍観者（見て見ぬふりをしている子）の4層に分かれる。この4層構造に多少の補足を加えてみたい。

　（1）②加害者からいじめられる①被害者は，その集団の中では「アウトグループとイングループ」的な存在だが，学級の他の子からすると，被害者もツッパリ・グループのメンバー（イングループ）で，実際に，被害者が学級の他の子をいじめる状況もまれではない。そうした事情からいじめを見聞きしていても，いじめグループの問題として，いじめを見て見ぬ風土が生じやすい。

　（2）③の「観客」は加害者に心理的に近い（レァレンス）子〈③-1〉と被害者と親しい子〈③-2〉とに分かれ，いじめに対しての感じ方も，前者は「面白そう」，後者は「可哀そう」となる。そう考えると，4層より，5層として捉える方がいじめの構造を正確に理解しやすいように思われる。

　（3）いじめが①加害者と②被害者の間にとどまっている時はそれ程深刻にならない場合が多い。しかし，加害者と親しい子〈③-1〉が興味半分からいじめに加担するといじめの輪が広がる。そうなると，被害者と親しい子〈③-2〉も心ならずもいじめに加わる。さらに，傍観していた子（④）もいじめるサイドに身を置き，被害者（①）を除く全員が，いじめるサイドの人間となる。このように，いじめが時系列の中で様相を変化することに留意したい（森田・清水，1994）。

（2）いじめの3段階

「いじめ」という用語に内包されるものにかなりの濃淡がある。友だちから嫌いなニックネームで呼ばれるのも「不快感を抱く」という意味でいじめであろう。ただ，子どもにふざけはつきもので，単なるふざけを厳重に禁止すると，子どもらしさが失われてしまう。かといって，嫌がるあだ名を集団で，連日連呼するのはいじめを超えたいじめ非行であろう。したがって，あだ名ひとつをとっても，表4-1に示す通り，「ふざけ」から「いじめ」，「いじめ非行」の3段階までが考えられる。

（3）ふざけといじめとの識別

いたずらや意地悪をするのは子どもらしさの現れで，それを禁じると子どもは委縮しがちになる。というより，どの子にも意地悪程度のことをはねのける強さを求めたい。それと同時に，どこまでが第1段階の「ふざけ」で，どこから第2段階の「いじめ」と見なすかという基準をもつことが重要となる（深谷，1996）。

表4-1　いじめ理解の3段階

分類	第1段階・ふざけ	第2段階・いじめ	第3段階・いじめ非行
具体例	ニックネームで呼ぶ 友だちをからかう	挨拶を無視する 嫌がるあだ名を連呼	何人かで殴る 金銭をまきあげる
段階	ノーマル	非行傾向（グレー）	犯罪〈ブラック〉
対応	状況を静観	状況を見て，指導	即時，中止させる

（4）いじめの状況を全体としてつかむ

多くのいじめは第2段階に留まると思うが，実際のいじめは，①いじめの程度や，②いじめる子の人数，③いじめの期間，④いじめられている子の心の敏感さなどにより，それぞれ多様な形態をとる。したがって，当該のいじめがどの段階なのか，客観的にいじめを捉える尺度が必要となろう。

「いじめの尺度＝①いじめの悪質さ×②加害人数×③期間×④被害者の敏感さ」のように捉えると，いじめの状況の把握が可能となる。その際，各項目を

それぞれ4段階で捉えると，いじめの最小は$1×1×1×1=1$，最大は$4×4×4×4=256$となる。そして，1つの目安として，15以下が「第1段階のふざけ」，$2×2×2×2=16$以上が「第2段階のいじめ」，「$3×3×3×3=81$以上が「第3段階のいじめ非行」と考えられる。「靴に画鋲を入れる」いじめを例にとれば，①行為が悪質（4）なので，②1人が（1），③1回（1）だけでも，④本人がナーバスな子（4）だと，粗点が16で「第2段階のいじめ」になるが，③何回か（3），②他の子が加わると（2），粗点が96の「いじめ非行」のレベルとなる。

（5）いじめは潜在化しやすい性質をもつ

いじめの多くは人目につかない場所で行われる。学級の休み時間などにいじめがあると，教師の目には映らない。といって，教師にいじめを告げるのは「チクる」行為で，自分がいじめられる危険がある。そうなると，クラスの全員がいじめの存在を感じていても，教師だけが知らない状況が生まれる。

その極限状況が死を選ぶ行為であろう。そうした事例が起きると社会問題となるが，死を選ぶ子の何倍の子が同じレベルの苦痛の下にいる。したがって，死の事例がないからといって，学校に深刻ないじめはないと思うのは避けたい。

3．いじめ防止対策推進法の制定

いじめが慢性化し，悪質化する状況を受けて，文科省は「いじめ防止対策推進法（平成25年6月）を策定した。具体的には，教育委員会などに「いじめ問題対策連絡協議会」を設置するほか，学校でも，「いじめを早期に発見するため」，「児童等に対す定期的な調査その他の必要な処置を講じる」（第22条）ことなどを定めた。

同推進法の制定以降，いじめ対策のネットワークが全国的に張り巡らされた感じがする。しかし，いくら対策を講じても，教育委員会や学校が隠蔽体質をとり続けるなら，いじめは陰性化するだけで，減少するとは考えれらない。また，いじめが起きると，全校生徒対象のアンケートを実施することが多いが，形式的な事後処置という印象を受ける。いじめに関連した生徒から克明な聞き

取りを行い，その結果を公表し，いじめの再発を防ぐことが大事であろう。

4．日本のいじめ・欧米のいじめ

「いじめ」を英訳するとbullyingになる。しかし，「いじめ」とbullyingとでは意味するものが異なる。日本のいじめとの違いに着目してみよう。

（1）いじめの起きる場所
日本のいじめの多くは学級内か部活など，学校の管轄下で起きる。しかし，アメリカの学校では学習の選択制が徹底し，履修内容が個々人で異なる。そうした関係で，アメリカのいじめは学級内でなく，カフェテリアや通学のバス，学校内の廊下や出入口付近などで起きやすい。

（2）いじめの質
日本のいじめでは集団内の無視などの陰湿な事例が少なくない。しかし，アメリカでは，体力に優れた子が弱い子に暴力を振うペッキングオーダー（pecking order）事例の占める割合が多い。

（3）集団との関係
日本のいじめでは，弱者だけなく，「和を乱す」が排除の理由となりやすい。しかし，多様な文化を内包するアメリカでは才能のある子は尊敬され，ひ弱いなどの弱者や少数民族の子がいじめの対象となりやすい。

（4）いじめへの対応
日本のいじめには明文化された処罰規定がない。アメリカでは，昔から通学バスの利用などの処罰規定が明文化され，違反には処罰が適用された。いじめについても，2000年代に入って，各州で反いじめ法（Anti-bullying Law）が制定され，いじめ行為に対して，①適切な対応をしていれば学校や教員は免責される，②いじめの加害者は法的な処罰を受ける，③事件後の対応は警察や弁護士などに委ねるのが一般的である。

アクティブラーニング３
それでは，あなたはどうすれば，いじめを少なくできると思いますか。

（5） ネットいじめ

なお，アメリカでも，近年，ネットいじめ（サイバー・ブリング：cyberbullying）が増加している。ふざけで送った画像が一瞬で全米に流れ，被害が飛躍的に拡大する事態が生じ，抜本的な対応が急がれている。

5．今後の学習へ向けて

いじめについては，まず，自分の体験を基本としてください。その頃の記憶を正確に再現し，どうすればよかったかを考えましょう。その後，いじめについての専門書を1冊読むのを勧めたいと思います。

文　献
朝日新聞社会部（1986）．葬式ごっこ　東京出版
深谷和子（1996）．いじめ世界の子どもたち　金子書房
森田洋司・清水賢二（1994）．『いじめ教室』の病　金子書房
豊田　充（1995）．清輝君が見た闇　いじめの深層は　大海社

第5章
「不登校」の理解

深谷和子

1．行きたくても「学校に行けない子ども」がいた時代

　その昔，日本が貧乏だった時代には「学校を休む子」が多かった。家事や家業の手伝いをさせられて，学校へ行きたくても行かせてもらえない子どもたちであった。たかだか，われわれの祖父母や曾祖父母時代のことである。

　農家の子どもは，貴重な労働力として農作業をさせられていたし，商家の子どもは，店番や，また自動車も自転車もなかった時代に，大きな荷を背負って運んだりさせられた。亡くなった私の母は明治生まれだったが，10人きょうだいで女子は3人。5歳の時に母親（私からは祖母）が脳溢血で倒れ，12年間も半身不随で寝たきりだったので，小学生の姉と母が12人家族の家事一切と病人の世話をしていたとか。母は当時の義務教育の小学校6年間だけは通学したものの，経済的ゆとりはあったのに，父親から「女なんか学校へ行くもんじゃない」と言われ，中学校（女子は「女学校」）に進学させてもらえず，泣く泣く諦めたとか。100年に満たない時代（最近と言えば，最近の）の話である。

2．行けるのに「学校へ行かない子ども」と，
　　その子たちへの名称の変化

　次々と時代は過ぎて，いつのまにか日本は豊かになった。義務教育は今も中学校（15歳）までだが，高校にもほとんどの子が行くようになり，大学の進学率もほぼ5割の時代となった。子どもは長期間，学校に拘束されることになり，学校がそれほど好きでない子には，辛い時代になったのかもしれない。小林正幸（2004）は「不登校とは，子どもが学校に合わないのではなくて，学校

が子どもに合わないのだ」と言ったが，確かにそうかもしれない。
　「学校へ行きたがらない子」「行きたいけれど，どうしても行けない（行く気持ちになれない）子」など，「学校嫌いな子」が出はじめた。朝，起きられず，登校をしぶる子，頑なに学校へ行こうとしない子は，（学校が大好きだった）親たちや先生からは「怠けぐせのある子」（怠学）とか，「非行化傾向にある子」と思われ，また精神科医は子どもの「うつ病」かもしれないと考えた。うつ病は朝に弱い病気だという。不登校の子も，朝は気力がなくて学校に行けないが，午前10時頃，登校時刻を過ぎた頃から元気になって，夜になるともっと元気になり，「明日は学校に行く」などと本気で時間割をそろえたりする。深夜までゲームをしたり，テレビやラジオの深夜放送を聞いて過ごす子もいる。
　こうした子どもたちは，始め「学校ぎらい」と呼ばれ，「学校恐怖症（スクール・フォビア；school phobia）」の語も一時期使われていた。しかし，学校へ行かない，行きたがらない子の理由はさまざまで，こうした病名を使うことが妥当でないと，間もなく「登校拒否（school refusal）」の名称になって，この語はかなり長期間使われていた。しかしさらに平成10年度以降は，理由等を含まず，「不登校」（school non-attendance）の語となって，現在に至っている（沢崎，2017）。

3．文科省による定義と捉え方の変遷

　文部省（当時）は，昭和41年度から平成2年度まで，「学校ぎらい」を理由に1年間に50日以上長期欠席をした児童生徒を，平成3年度からは「学校ぎらい」で30日以上欠席した児童生徒を，さらに平成10年度からは，「不登校」の名称で，30日以上を欠席した児童生徒を，登校拒否件数としている。
　なお文部科学省によれば，平成28年度の小学生の不登校数は，31,151人（前年度27,006人）で0.4％から0.5％へ，中学生134,398人（前年度125,991人）で，2.8％から3.0％へと，僅かだが増えている。また小学校6年間の不登校の子どもの割合は，小1から小6までは，学年と共に件数が少しずつ増加していくが，中学生になると，一気に不登校の子の数が増加する。

アクティブラーニング1
あなたには，学校時代（小，中，高）を振り返って，学校へ来ない友だち（不登校の子）がいましたか。当時その子のことをどう思っていましたか。

文科省は現在,「不登校」を次のように定義する。

「何らかの心理的,情緒的,身体的,あるいは社会的要因・背景により,児童生徒で登校しない,あるいはしたくともできない状況にあること(但し,病気「病気」や「経済的理由」による者を除く)」(平成4年3月「学校不適応対策調査研究協力者会議報告書」より)

それまで「登校拒否」は,特定の子どもに起こる問題で,家庭環境や親の育て方,子どもの性格による「問題行動」と考えられてきた。しかし,この平成4年の答申では「不登校は誰にでも起こり得るとの視点に立って,この問題をとらえていく必要がある」とされ,それ以後「不登校」の考え方や扱い方は大きく転換した(沢崎,2017)。

このように「不登校」が多くの子どもたちの上に起こりうる問題として,そうした子どもたちには,スクールカウンセラー[1],スクールソーシャルワーカー[2],その他,地域の教育相談室,教育支援センター(適応指導教室)[3]など,多くの機関が連携しながら支援にあたっている。また,フリースクールなどの教育機関も設置されている。

---

1) スクールカウンセラー(SC)
　平成7年度から,全国の小学校に「心の専門家」として,文科省が臨床心理士等を週1回,4-8時間勤務で配置し始めたシステム。
2) スクールソーシャルワーカー(SSW)
　いじめや不登校,虐待,貧困など,学校や日常生活における問題に直面する子どもを支援する社会福祉の専門家。子ども本人だけでなく,家族や友人,学校や地域など,周囲の環境に働きかけて,問題の解決を図る。社会福祉士,精神保健福祉士の国家資格が必要であるが,教員OBなどの場合もある。学校に配置されて活動する「配置型」,教育委員会などに所属し,依頼があった時に学校に派遣される「派遣型」,複数の学校を掛け持ちで,状況に応じて訪問する「巡回型」等があるが,2008年度から始まったばかりの制度で,配置率はSCに比べて大きく低い。しかしSSWの配置後,不登校などの子どもが減少したなどの実績も上がっており,国はさらに配置率の向上を図りたいとしている。
3) 教育支援センター(適応指導教室)
　不登校児童等の支援のために,学校以外の場所(教育センター等)や空き教室を使って,学校生活への復帰を支援するために,個別カウンセリング,集団での指導,教科指導等を行うために教育委員会等が設置している場所。

アクティブラーニング2
どうして中学生になると，不登校の子どもの数が急増するのでしょうか。あなたの学校経験から，その理由を推測してください。

4．千原ジュニアと不登校

　千原ジュニアは，現在，人気タレントの一人である。ややシャイな性格が持ち味で，はじめは吉本興業で兄（千原せいじ）と一緒にお笑い芸人の隅っこにいたが，次第に活動領域が広がり，多くの番組でコメンテーターも勤めるなど，存在感のあるタレントとして大きく活躍している。

　その彼が，中学・高校時代，しばらく「不登校」だったことは，現在の彼からは想像もできないであろう。彼は講談社から2007年に「14歳」という自伝を出版した（千原，2007）。不登校の子どもは，学校から，時には家族からも自分を閉ざし，自分を語ることが少ないので，何を考えながらそうした状態にいるのかを知ることは難しい。しかし「14歳」では，引きこもり状態にいる子の心理が鮮やかに書かれている。不登校の子は，10人いれば10人，引きこもりの理由やその心理が違う。しかし，1つの事例ではあるが，「14歳」には，見事に彼の内面が描かれ，彼は今，引きこもりから脱出して，大きく社会的な活躍をしているレジリエント（第14章参照）である。次からはこの書を使いながら，不登校の子どもの心理の一端を理解できればと思う。

　この本の序章のタイトルは，「僕は部屋の扉にカギを付けた」である。
　ある日彼は，（引きこもり状態のなかで）何か月も着ていたパジャマのまま自転車で外に出て2個のカギを買い，それを自分の部屋のドアの外と中に取り付ける。この日から小6（11歳）の少年の本格的な「引きこもり」生活が始まった。
　彼は一日中自分の部屋に閉じこもり，食事にも出て来ない。母親は食事時になると，「ご飯よ」と言ってドアを開けようとするが，部屋の鍵はかかったまま。「いらない」という返事が返ってくる。家族にも会いたくない。一緒に食事もしたくないと思っていた11歳の彼。仕方なく母親は引き返して食事を整え，ドアの外に置く。彼は誰もいないのを確かめてドアをそっと開け，食事を部屋に引き込んで少しだけ食べ，またドアの外へ食器を出す。この光景は，引きこもる不登校の子どもにしばしば見受けられる。むろん中には，食事を家族と一緒に食べる子もいるし，昼間，外には出ていかないだけで，家に来た人には顔

を見せる子もいるが。

　1年ほど前から，彼は突然暴れて家の壁に穴をあけたりすることがあった。

「僕にも理由はわからないけど，時々頭がおかしくなるんだ」「お母さんはよく泣いていた。お父さんは首をひねっていた。きっと意味が分からなかったんだろう」

　小さい家庭内暴力の嵐。不登校の前駆症状が始まっていたのかもしれない。いつか彼の心の中には，何かが起こり始めていた。

「僕は何になるんだろう。
　僕は誰になるんだろう。
　僕はどうなるんだろう。
　僕はどうするんだろう」（p.23）

　学校高学年から中2，中3の年齢は，思春期と呼ばれる時期で，将来の不安の中で，自分の在り方へのこうした戸惑いを子どもの多くが経験する。

5．千原ジュニアの「居場所」探し

　不登校の子には，不登校を起す迄にしばしば「前史」がある。内容は人によってさまざまだが，大小の「傷つき体験」がある。彼は小学校6年生の頃に辛い体験をした。友だちの家に遊びに行って「居留守」を使われたのだった。友だちの母親の「彼と遊ぶな」という怒鳴り声が聞こえた。彼は，周囲から問題の子と思われていたらしい。居留守を使われた彼は，こう続ける。

「もう2度とこの友だちとは遊ばない。遊べない。だけどこのままじゃ僕はつぶされてしまう。大きな悲しみに，小さな僕はつぶされてしまう。飲み込まれてしまう」「僕は僕を守るんだ。悲しい色に塗り替えられてしまう前に。僕の心は僕が色を塗るんだ」（p.24）

彼の中の「強さ（レジリエンス）」（第14章参照）が胸に迫ってくる。この時，11歳（6年生）の千原ジュニアは，中学校進学の時期に差しかかっていた。彼の街には2つの中学校があって，1つは青い制服の（名門の）中高一貫校。もう1つは黒い制服のふつうの中学校。彼は言う。「この街の大人はみんな青い制服を着た子どもが好きなんだ」そして，「僕を飲み込もうとしたあの大人につぶされてしまわないために」小6の彼は青い制服を着ると誓った。3か月間，そのことだけを考えて勉強した彼は，青い制服の中学校になることができた。彼の合格にお母さんは涙を流して喜び，町の人たちの彼を見る目も変わったと『14歳』には書かれている。

しかし，青い制服組のムレの一員になった彼は，そこにいる自分に違和感を感じる。周囲の生徒は，みな青い制服を着て，人生のレースに出ようとしている（やる気満々の）者たちだった。普通なら，そこで彼はより上位の人生のレースに出ようとするだろう。今，テレビで活躍する千原ジュニアを見ても，優れた才能をもった若者だという気がする。そのまま行けば，ムレの中でさらに上位を目指せたかもしれない。しかし彼は，ここは自分の探し求めていた人生のステージ（「居場所」）ではないと思う。

「僕は人と同じことをするのが嫌な子ども，ひとと同じようにみられるのがものすごく嫌な少年」（p.52）「僕が今しなければならないこと。それは本当に僕が出るべきレース場を探すこと。僕が出なければならないレースを見つけること」（p.28）

そして彼は本格的な不登校に。しかし，不登校に「なった」のではなくて，意志的に「不登校」を選択したのだった。周囲はまた非難のまなざしで，彼を見つめたに違いない。彼はこう書いている。

「お母さん（中略）僕がそれを見つけるまでもう少し待ってください」「お父さん（中略）もう少し我慢してください。僕はいまそれを一生懸命探しているところなんです。僕は今，そのレース場に立った時，速く走れるように準備をしているところなんです」（p.32）

自室の外と内にカギを取り付け，彼はいわゆる「引きこもり」の生活を始める。そして，何年かの（熟成の）時を経て，（すでに吉本興業に所属していた）兄（千原せいじ）の肩を借りて，15歳で（お笑いコンビ：「千原兄弟」として）「さなぎ」から抜け出し，吉本のステージに自分の道を見出した。

6．不登校：「さなぎ」が蝶になる日までの大事な時間

不登校の原因はさまざまであり，その時は本人にも「自分がなぜ学校に行けないのか」が分からないのかもしれない。

不登校の子どもに私たちが直接触れあう機会は少ない。担任はむろん，教育相談室のスタッフやSC, SSWなども，本人とは直接接触できず，親を通しての支援になる。その子たちに，大人側の心の声を届けることは専門家でも難しい。大事なことは一日も早い「学校復帰」をと急がせないこと。不登校の子には，千原ジュニアがそうだったように，心の傷が癒えるまで，また自立の力が育つ時まで，時間が必要なのかもしれない。「さなぎ」の状態にいる子どもを特別視しないで，ゆっくり待ってやること。また，今のクラスには行けなくても，保健室登校も，図書館登校も，部活もあり，地域には塾もある。通信制の学校もあるし，フリースクールもある。どの子もこの先の人生は長いのだ。

最後に：今後の支援と学習のために

もし何かの時に，あなたがその子と接触する機会があったら，その子の「心の友だち」になれないかと考えてみてください。その子の「立ち直り力（レジリエンス）」を信じて，抽象的な表現ですが，いたわりの心をもちながら，遠くからそっと包むこと。それがあなたにできる一番の支援かもしれません。

文　献
千原ジュニア（2007）．14歳　講談社
小林正幸（2004）．事例に学ぶ　不登校の子への援助の実際（p.1）金子書房
沢崎達夫（2017）．「学校恐怖症」から「不登校」へ　児童心理　臨時増刊号「子ども問題の70年」pp.90-93．

アクティブラーニング3
あなたのクラスの友だちで、もう1か月も学校に来ていない子がいるとします。その友だちは、あなたの仲良しの一人でした。その子に手紙を書いてください。
その子は、〈小，中，高〉のどれにしますか。○をつけてから、書き始めてください。
〈今，学校に来ていない（不登校の）君へ〉

第6章
発達障害をどう考えるか

渡部純夫

アクティブラーニング1
あなたは，子ども時代，何が苦手で何が得意だと思っていましたか。

1．発達とは

　最近の世の中の傾向として，対人関係がうまくとれなかったり，自分の世界にこもってしまったり，どこか人と比べて少し違っているような子どもをさして，「あの子（人），もしかすると発達障害じゃない」と言ったりすることがある。発達障害の概念を広く捉えようとすると，ほとんどの人が発達障害といえるような世の中である。そもそも発達障害をどのように考えればよいか。まずは発達について触れ，そのうえで発達障害について見ることにする。

　私たちは生まれてから死を迎える瞬間まで，生涯を通して発達を続けることになる。一人では何もできない状況から，自力で歩行し，言葉を覚え，人間関係を形成するようになる。心身の成長のプロセスを経て質的変化を遂げていくことになる。発達は一定の順序だった方向のもと，連続して行われる。未熟な状況から成熟した大人へと変化し，さまざまな生きるための能力をたくわえ，生活の充実や創造性を発揮して豊かな人生を形成していく。しかし，やがてはその能力も年齢とともに衰えていくことになる。生涯発達という考え方からすれば，このような衰退も含めて発達なのである。発達における特徴として，成長プロセスにおける個人差のことや，ある一定期間に集中して学習や生きるための力の獲得が行われること，さらに，養育環境，教育方法，療育・訓練プログラムなどにより変化が起こることなども押さえておかなければならない。

　発達のプロセスを段階ごとに区切り，それぞれの段階において獲得すべき課題や直面する問題を発達課題としてまとめたのがエリクソン（E. H. Erikson）である。フロイト（S. Freud）の発達の考え方が，心理的・性的発達にポイントが置かれ，青年期くらいまでの発達を扱ったのに対し，エリクソンの発達理論は社会的・対人的側面から発達を捉えなおし，生涯を通して発達するとした点に特徴がある。

　子どもの状態や問題行動の理解のために必要となるのが，子どもがどのような発達を経て現在に至ったのか，それは発達課題から見た時どのような意味として捉えることができるのかといった点である。発達の問題は，過去から現在に至る道筋を考える視点と，現在から未来に至る道筋を考える視点の両方が必

要になる。現在は過去と未来をつなぐための分岐点と考えられるからである。

2．発達障害とは

　発達障害の定義を考えると，診断的要素よりは行政的意味合いが強いかもしれない。「発達障害者支援法」（2005（平成17）年）に発達障害の定義を求めると次のようになる。「発達障害とは，自閉症，アスペルガー症候群その他の広汎性発達障害，学習障害，注意欠陥多動性障害その他これに類する脳機能の障害であってその症状が通常低年齢において発現するもの」とされている。また，発達障害者支援法施行令及び発達障害者支援法施行規則では，言語の障害，協調運動の障害，心理的発達の障害並びに行動及び情緒の障害なども記載されており，これまで法的障害として位置づけられ福祉や支援の対象であった知的障害，身体障害，精神障害以外の障害を支援するために作られた法律といえる。

　海外の捉え方として，アメリカ精神医学会（American Psychiatric Association）による精神障害の診断と統計の手引きであるDSM（Diagnostic and Statistical Manual of Mental Disorders）における発達障害の考え方を見ることにする。

　DSM-5によれば，発達障害は神経発達症群／神経発達障害群に分類されている。DSM-5では神経発達症群／神経発達障害群には知的能力障害群も含まれているため，日本の発達障害者支援法における発達障害の分類とすべてが一致しているわけではない。DSM-5の1つ前のマニュアルであるDSM-Ⅳ-TRでは，自閉症やアスペルガー症候群，広汎性発達障害と分類されていたものが，DSM-5ではすべて自閉症スペクトラム障害に統一されている。自閉症診断の歴史に目を向けると，カナー（L. Kanner）とアスペルガー（H. Asperger）によって初めて取り上げられたもので，カナーもアスペルガーも人と外界との接触の欠如を自閉症の中核として考えていた。それが，ウィング（L. Wing）によって，「自閉症スペクトラム」として，言語能力の獲得が困難な重症例から，社会的コミュニケーションに問題がある軽症例までをスペクトラムとして捉えまとめられたのである。ウィングが障害として考えた3つの特徴である，①相互的社会性の障害，②コミュニケーション能力の障害，③イマジネーションの

障害の特徴は，発達障害を考えるうえでの共通理解になっている。

　ADHDは，注意欠如・多動症／注意欠如・多動性障害として日本語訳が変更された。さらに，読み・書き・算数の障害は，限局性学習障害としてまとめられている。基本的診断基準に大きな変更点があるわけではないが，自閉症スペクトラム障害と注意欠如・多動性障害の併存が表記されたりするなど，多少の変更が行われている。

　学校の教育現場の場合，学校現場でかかわる発達障害として文部科学省が定義しているのが，自閉症，高機能自閉症，注意欠陥／多動性障害，学習障害である。特に学習障害を取り上げ，文部科学省の考え方に言及してみると，「学習障害とは，基本的には全般的な知的発達に遅れはないものの，聞く，話す，読む，書く，計算するまたは推論する能力のうち特定のものの習得と使用に著しい困難を示す様々な状態を指すものである」と定義されている。

3．障害の捉え方の基礎

　国際生活機能分類（International Classification of Functioning, Disability and Health）では，障害を「心身機能・身体構造」の問題だけでなく，「活動」と「参加」を含めた3つの次元から状態像を捉えている。そして，これらの状態像は相互に関連しており，個人因子や環境因子などの関わりによっても変わるものと考えられている。この「心身機能」とは，心理的機能を含んだ身体系における生理的機能をさし，「身体構造」とは，器官・肢体とその構成部分などの身体の解剖的部分のことをさしている。「活動」とは，課題や行為の個人的行いを意味し，「参加」は，生活や人生におけるかかわりを意味している。つまり，「活動」とは個人でできること・できないこと，「参加」は，個人レベルではなく，他者や社会とのかかわりの中でできること・できないことになると考えられる。

4．インクルーシブ教育とは

　2006年，「障害者の権利に関する条約」が国連総会で採択され，日本も2007

アクティブラーニング2
小中学校の頃，先生や学校が障害をかかえる子どもの指導をしていたことで，何か印象に残ることはありませんか。

年に条約に署名している。これを契機にして，インクルーシブ教育システムが提唱されることになった。そして，教育に関する条項として，「他の者と平等を基礎として，自己の生活する地域社会において，障害者を内包し，質が高く，かつ，無償の初等教育を享受することができること及び中等教育を享受することができること」「個人に必要とされる合理的配慮が提供されること」「学問的及び社会的な発達を最大にする環境において，完全な包容という目標に合致する効果的で個別化された支援措置が取れること」などが明記されている。

　これを受けて，文部科学省から平成24年（2012）に「共生社会の形成に向けたインクルーシブ教育システム構築のための特別支援教育の推進」報告書が示された。その内容は，学校教育において「同じ場で共に学ぶことを追求するとともに，個別の教育的ニーズのある幼児・児童・生徒に対して，自立と社会参加を見据えて，その時点で教育的ニーズに最も的確に応える指導を提供できる，多様で柔軟な仕組みを整備することが重要である」と指摘している。つまり，通常の学級で学ぶことを視野に置きながら，多様な幼児・児童・生徒の教育的ニーズに対応できる柔軟な教育システムの構築を目指している。

5．インクルーシブ教育を行うための合理的配慮

　最近メディアなどで耳にする言葉に，合理的配慮というものがある。合理的配慮とは，障害のある方の人権が障害のない人々と同じように保障され，教育や就業，その他の社会生活に平等に参加が可能なように，それぞれの障害の特性や困りごとに合わせて行われる配慮のことである。学校生活においては，授業やテスト，成績評価，行事，さらには食事や排泄，友人とのかかわりなどの困りごとに対しての配慮が考えられる。

　インクルーシブ教育を行うに当たっても，「合理的配慮」と，基盤になる「基礎的環境整備」が充実されなければならない。学校教育を受けるにあたり，個別に必要とされるものを必要かつ適切に変更・調整を行わなければならないことになる。なお，これらのことは学校が主体的に実施しなければならないことになっている。

　学校における「合理的配慮」の具体例として，理解の程度を考慮した基礎的・

基本的な内容の習得に心がけ，社会生活に必要な技術や態度を身につけさせなければならないことから，学習内容を分割して適切な量に変えたり，習熟のための時間を別に設定することなどの工夫が求められる「学習内容の変更・調整」や，視覚を活用した情報の提供を行うために，写真や図面，模型，実物等を積極的に利用し，状況に応じた道具を用意することで情報の理解を推し進めることが可能になる。また，時には補助具を効果的に活用することなども求められる。さらに，文章を読みやすくするための体裁変えや拡大文字を用いた資料の作成，振り仮名をつけたりすることも必要になる。音声やコンピュータを利用した聴覚情報を上手に使った伝達を行うことでの「情報・コミュニケーション及び教材の配慮」も求められるものである。

6．心理学的視点からの見立て

　子どもの発達障害を考えるとき，心の成長を抜きにしては考えられない。子どもの心は，成長過程において，さまざまな影響を受け，身体症状と同じように変動しやすい状況にある。心の成長が困難な状況におかれると，子どもは一時的に成長・発達とは逆方向の反応や行動を示すことがある。子ども返りの退行現象などがその例である。子どもの発達障害に援助的かかわりを行うに当たっては，子どもの状況を総合的に捉えた見立てが何よりも必要になる。

（1）知的能力に関して

　子どもの発達障害の見立てを行うに当たっては，知能の状況をまず把握する必要がある。一般的に知能とは，知識と才能や知性の程度をさすと思われる。心理学では知能の考え方に幅があるが，主に「新しい場面に適応する際に，今までの経験を効果的に再構築するための能力」と考えることができる。一部には，知能を知能検査によって得られた数値であるという人もいる。知能検査は，実用的な必要性から開発されてきた歴史があり，知能の考え方と密接に関係している。歴史的には，1905年に，フランスのアルフレッド・ビネー（A. Binet）により，子どもが普通教育に適応できるかどうかを鑑別するための道具として作られた。それがアメリカに渡りスタンフォード・ビネー式知能検査

として広く知られるようになった。その後，知能の多因子説の流れをくむ知能検査として，デイヴィット・ウェクスラー（D. Wechsler）によるウェクスラー知能検査が作成されている。最近では，認知心理学や神経心理学の影響を受け，情報処理の観点を入れ込んだ知能論などが提唱されている。

　発達障害に関して，生活年齢相応の知的能力があるかどうかは重要な問題である。知能検査での子どもの反応の様子をしっかり観察し，評価していかなければならない。

（2）社会性に関して

　次に社会性の問題を挙げるなら，集団生活や社会生活の適応をはかるためには，社会性を身に付けておかなければならない。生活年齢相応の社会性があるかどうかを観察し，評価を行う必要性がある。

　①まず，対人コミュニケーション機能がどうであるかを把握することが必要になる。対人関係を形成していくためには周りの空気が読めること，人の気持ちを理解できること，視線を合わせて話をすることができること，非言語的コミュニケーション手段である表情や身振りなどを通して交流できること，仲間集団の中に積極的にかかわっていけることなどの評価が必要になる

　②こだわりの強さとその内容を把握することも必要である。限局的反復行動ともいわれるものが出ていないかについてよく観察することが重要になる。癖になっているような繰り返される身体運動などの把握が必要となる。

　③不注意に関する状況を把握しておく必要がある。子どもの行動の様子を観察することにより，見過ごしや不正確な活動が起こることがないかを見ていくことが重要である。さらに，注意持続が困難な状況にも目を向けていく必要がある。会話を通しては，こちらの話を聞かなかったり，指示に従うことに困難を覚えたり，指示どおりにすることができなかったかを観察することになる。また，順序立てて考えることに困難が生じていないか，持続した精神的努力を求められる課題を最後までやり通せるか，他には気の散りやすさや飽きやすさ，物をよく失くす，忘れ物が多いかなどについても評価をしておく必要がある。

　④行動の特徴からは，多動性や衝動性がないかを見ておく必要がある。必要のない動きを繰り返したり，席を離れて動きまわることがないか，じっとして

いることが可能か，周りのことを考えずおしゃべりを続けることがないか，相手の質問を最後まで聞かずに応え始めることがないか，順番が守れなかったり，他人を妨害し邪魔することがないかなどについて観察することが必要である。

（3）パーソナリティ

第3にパーソナリティの在りようについても把握しておくことが必要になる。

①そのためには，フロイト（S. Freud）のいう自我の構造論について知っておく必要がある。フロイトは，衝動的で快楽追求に動くイド・エスと，禁止やルールに従うことを求める超自我と，現実的に動いてイド・エスと超自我を取り持つ自我の3つから心の動きが起こると考えた。この3つがどのように作用して心の動きを形成しているのかについて常に関心を向けておかなければならない。

②次に，心の機能についての把握が必要になる。たくさんの機能評価が考えられているため，経験を通して機能評価の在り方について考えを広げていくことが必要になってくる。他人や自分の行為の背景にある心的状態を読み取り，心の力動性を考えていく必要がある。さらには，対人関係を形成できる力や，困難な状況への対応力，ストレス状況から回復するためのレジリエンスの能力などについて把握していくことが必要である。

③としては，心理的発達段階を把握することが求められる。エリクソン（E. H. Erikson）の発達課題やメラニー・クライン（M. Klein）の対象関係論等の理論をもとに，心理的発達段階の把握をすることが重要である。

表6-1　主な防衛機制

退　行	：発達のより初期の段階に戻ったり，より未熟な行動様式に戻ったりすること
否　認	：あまりにも不快な事実を認めようとしないこと
投　影	：自分のもっている不都合な考えや感情を他人に転嫁すること
合理化	：合理的に見える理由づけをして自己正当化をすること
抑　圧	：不快や不都合をもたらす記憶を意識の外に閉め出すこと
反動形成	：自分の願望と裏腹の態度や行動をとること
知性化	：感情を直接意識する代わりに，過度に知的な活動で統制する
昇　華	：欲求を社会的に認められる行動に変えて満足させる

④不安や葛藤に対処して心のバランスをはかろうとする機能が防衛機制と呼ばれるものである。ここでは詳しく説明することをせず，代表的な防衛機制の表を挙げておくことにする。

7．子どもの生活基盤への配慮

子どもの発達障害の見立てと対応について評価を行っていく時，多面的方向からの視点が必要である。生活の基盤である家庭や学校はもちろんのこと，子どもは社会との接点をもちながら成長していく以上，地域社会についても理解が求められることになる。このように，学校，家庭，地域での子どもの行動をトータルに捉える視点が重要であろう。

文　献

American Psychiatric Association (2000). *Diagnostic and statistical manual of mental disorders. Fourth Edition, Text Revision; DSM-Ⅳ-TR*. Washington, DC: American Psychiatric Association. (高橋三郎・大野　裕・染矢俊之（訳）(2004)．新訂版2008 DSM-Ⅳ-TR　精神疾患の診断・統計マニュアル　医学書院)

American Psychiatric Association (2013). *Diagnostic and statistical manual of mental disorders. Fifth Edition: DSM-5*. Washington, DC: American Psychiatric Association. (日本精神神経医学会日本語版用語監修　高橋三郎・大野　裕（監修）染谷俊之・神庭重信・尾崎紀夫・三村　將・村井俊哉（訳）(2014)．DSM-5　精神疾患の診断・統計マニュアル　医学書院)

Wing, L. (1996). *The autistic spectrum: A guide for parents and professionals*. London: Constable and Company. (久保紘章・佐々木正美・清水康夫（監訳）(1998)．自閉症スペクトル―親と専門家のためのガイドブック―　東京書籍)

第III部
青年・成人期

第7章
高学歴化社会を生きる

深谷昌志

1. 2018年問題

　大学関係者の間で「2018年問題」が深刻に語られている。大学進学の難易度は18歳人口に規定される部分が多いが，18歳人口は2010（平成22）年以降，120万人前後で推移していたが，2018年に117万人となり，その後も2028年が109万人，2031年に99万人となる（表7-1）。それでも，大学進学率が高まれば，人口減をカバーできるが，2018年の大学進学率は56.8％，専門学校を含めた高等教育在籍率は80.0％に達する。特に，4年制大学より短い就学期限で特定の資格を確保できる専門学校の人気が高く，今後の大学進学率は現状程度と見込まれている。そうなると，2018年の大学進学者数66万人が2031年に56万人となり，今後13年間に進学者が10万人程度減少する計算となる。

　2018年の文科省の集計によれば，全国の私立大587校の39.4％にあたる229私立大で入学者の定員割れを起こしている。そうした状況に対応して，キャンパスの統合や学部の大幅な改組，私大の公立大化，独自の入試制度の開発など，大学改革が進んでいるが，それでも，進学者減に伴い，定員割れを起こす大学が増加するだけでなく，かなりの数の大学が廃学に追い込まれると見込まれている。しかし，これらは大学サイドの動きで，受験生からすると，進学先にこだわらなければ，どこかの大学に必ず入学できることを意味する。大学が入学者を選ぶのでなく，進学者が大学を選択する時代の到来である。

表7-1　大学進学率の推移と推定

	2006	2010	2014	2018	2022	2028	2030	2031
18歳人口（万）	133	122	118	117	112	109	101	99
大学進学（万）	69	69	67	66	(64)	(62)	(57)	(56)
高等教育（万）	99	96	93	94	(90)	(87)	(81)	(79)

注1）大学進学は短大を含む。
注2）2022年以降は2018年の進学率を基準に推定。

2．学歴社会の形成

　1872（明治5）年に日本の近代教育がスタートするが，「学制」開始にあたっての告知文の中に，「人々自ラ其産ヲ治メ其業ヲ昌ニシテ以テ其生ヲ遂ル所以ノモノハ他ナシ身ヲ脩メ智ヲ開キ才芸ヲ長スルニヨルナリ」と述べ，「邑ニ不学ノ戸ナク家ニ不学ノ人ナカラシメン事ヲ期ス」とある。学問を身に付ければ立身出世が可能になるという福沢諭吉流の「学問のすすめ」宣言である。
　残念ながら，明治初年の学制は財政的な基盤を欠き，青写真の提示にとどまった。しかし，森有礼文相期（明治18-22年）には学校制度の輪郭が整い，難易度の高い（旧制）高校を経て，帝国大学を卒業すれば，身分社会の制約を超えて，20代の若さでも，政府の要人としての活躍の場が保証されていた。
　1907（明治40）年に小学校が6年制となり，卒業後の進路は，①（旧制）中学から（旧制）高校，そして，大学を経て，国のエリートへの道を進む，②商業や農業などの実業系の中等学校を卒業し地方の指導者となる，③2年制の高等科を経て，一般の労働に携わるに3分された。そうした時，多くの子どもはエリートコースへの進学を夢見る。しかし，経済的な理由から進学を断念せざるをえない者が多かった。それと同時に，（旧制）中学や（旧制）高校の入試は「白線浪人」が社会問題化する程の高い入試倍率だった。したがって，大学へ進学するには家庭の経済的な豊かさが前提となるが，それと同時に，厳しい長期の受験勉強に耐えられる勤勉さが不可欠だった。
　もっとも，表7-2が示すように，大学進学者は1955（昭和30）年が7.9%，1965年の12.8%と1割程度の少数派で，非進学者が9割を占める。というより，

表7-2　大学進学率の推移

	1955	1965	1975	1985	1995	2005	2015
男子	13.1	20.7	41.0	38.6	40.7	51.3	54.0
女子	2.4	4.6	12.7	13.7	22.9	36.8	45.8
合計	7.9	12.8	27.2	26.5	32.1	44.2	49.9

1955年の高校進学率が51.5％だから，高校へ通えれば幸せな時代である。そうした意味では，長い間，大学進学は庶民にとっての高嶺の花であった。

念のため，補足するなら，第二次大戦後まで，男女別学制がとられ，女子の教育は高等女学校（5年制の女子中等学校）までで，大学の門は女子に閉ざされていた。そして，第二次大戦後でも，家庭の仕事に専念する女子に高等教育は不要という意識が強く，女子の大学進学率は1980年代でも10％台にとどまる。

3．乱塾時代の進学

1976（昭和51）年に文部省は「児童生徒学校外活動に関する実態調査」を実施した。これは塾通いについて文部省が実施した最初の全国規模の調査だった。調査結果によると，小学校高学年の通塾率は23.0％，中学生38.0％だが，地域差に着目すると，小学6年生の場合，大都市が23.4％，地方都市，19.7％，町，15.1％，山村，6.4％で，大都市を中心に塾通いが広まっているのが分かる。

岩戸景気（1958年7月-1961年1月）やいざなぎ景気（1965年11月-1970年7月）を経て，多くの人の生活が豊かになるとともに，自分たちは経済的な理由から進学を断念したが，わが子には希望通りの道を歩ませたいと，親たちの子どもに対する進学熱が高まる。先の表7-2に示したように，大学進学率は1965（昭和40）年の12.8％（24.9万人）から1975（昭和50）年の27.2％（42.5万人）へ，10年間で2.1倍，入学者数で15.3万人も増加している。

そうした進学熱の高まりのなかに，団塊ジュニアの世代が小学高学年生期を迎える。昭和46年の200万人から48年の209万人と，出生数が4年連続して200万人を超えた世代である。

表7-3　子どもの未来像×学業成績

	成績上位	中の上	中位	中の下	後ろ	全体
望みの大学への進学	86.9	67.7	43.4	16.9	9.6	55.2
尊敬される仕事に就く	68.8	50.8	32.4	15.2	16.3	33.2
幸せな家庭を作る	90.2	86.5	79.5	70.5	48.9	77.0

注)「きっと」・「たぶん」なれると思う割合

　もちろん人口増に対応して高校や大学の定員増対策が講じられたが，それには限界があり，一流大学は超難関となった。そうなると，普通の高校に入り，のんびりしていたのでは望みの大学に入れそうもない。一流大学へ進むには，私立の中高一貫校に入学させ，じっくり学力を付けさせる必要がある。そうした思いから小6段階での私立中学受験が過熱化する。しかし，学校では個別の指導をしてくれないので，学習塾通いをする子が増える状況が生まれる。

　平日は地元の補習塾へ通い，週末になるとターミナル駅周辺の進学塾で勉強する。さらに，日曜には大手の進学塾が主催する全国規模の学力模擬試験を受けて，自分の学力を確かめる。休みなしに勉強に追われる日々に体調を崩す子も少なくなかった。「乱塾時代」が流行語となった時代である（毎日新聞社会部，1977）。

　そうした状況の中で，子どもはどういう気持ちで勉強しているのか，1981（昭和56）年に小学高学年生を対象として，子どもたちに学業成績についての意識調査を実施した。結果の一部を紹介すると表7-3の通りとなる（深谷，2007）。

4．学業成績は打出の小槌？

　前掲の表7-3が示すように，勉強の得意な子はこのまま頑張っていけば望みの大学に入れ，社会的に尊敬される仕事に就け，幸せな家庭を築けると明るい未来を予想している。そうした子は「成績の良さ」をすべての望みを可能にする「打出の小槌」のように感じている。しかし，小槌を持っていると思える子は少数で，多くの子は打出の小槌を持てない自分の未来は暗いと，挫折感を

表7-4　社会的な達成への年度比較（％）

成績	尊敬される大事な仕事に就く			新しい知識や技術の必要な仕事に就く		
	上位	中位	下位	上位	中位	下位
1981年調査	51.7	27.0	21.6	50.8	32.4	15.3
2016年調査	70.1	38.6	24.7	69.6	48.4	25.3

注）「きっと」・「たぶん」なれると思う割合

味わっている。

　もっとも，表7-3の結果は30年も前の乱塾時代のもので，現在の子は学業成績にそれ程のこだわりをもっていないのではないか。そこで，1981年調査と同じ項目を使って，2016年に追跡調査を試みてみた（深谷，2017）。

　結果の一部を示すと，表7-4の通りで，1981年より現在の子の方が，勉強が得意だと社会的な達成が可能と思う割合が高まる。それと同時に，勉強の得意な子は，「授業中にきちんと先生の話を聞き」（上位群は65.1％，下位群21.2％），「家できちんと勉強している」（52.0％，14.5％）から，成績が良いと思っている。つまり，成績上位群は「まじめな学習態度＝成績の良さ＝望みの大学へ入学＝社会的な達成」という図式を描いている。それに対し，勉強の苦手な子は将来の見通しの暗さを感じているが，自分の学習努力の不足に原因を求めている。

5．学歴社会の形成

　学歴社会は学力試験に合格すれば誰でも高学歴を取得し，社会的な活躍を約束されることを意味する。その限りでは，子どもの「成績の良さ＝打出の小槌」という見方は正しいといえよう。

　歴史的なルーツを探るなら，揺籃期の西洋の多くの大学は文学部と法学部，医学部の古典3学部から構成されていた。これは大学が神父や裁判官に医師という古典的な専門職育成の役割を担っていたことを示す。その後，経済学部や工学部などの新しい専門職養成の役割も加わる形で大学は発展していく。欧米に限らず，①進学率が10％レベルまで，大学卒は専門・管理職への到達を保

アクティブラーニング1
あなたはご両親の進学した頃の状況について，どんなことを聞いていますか。

証されたエリートコースを意味していた。日本の場合でも，明治40年代に6年制の小学校への就学が定着するが，そうした時代，外国語の文献を読み，専門的な知見をもつ「学士」は雲上人的な存在だった。

　その後，大学に経営学部や農学部，薬学部など，社会の需要に応じて学部が増設され，②大学進学率が25％の時代を迎える。この段階の大学卒は専門教育を受けた人材という評価を受け，卒業後にビジネスパーソンとしての進路を歩む者が多かった。日本の場合でも，9年制の義務教育が定着し，高校卒が5割を超える頃になると，4年間の大学教育を受けたかどうかが高校卒との違いで，大学卒の多くは大学で習得した専門性を財産としてビジネスパーソン的な生き方をすることになる。しかし，③進学率が4割を超えると，大学は専門教育の場ではあっても，卒業後の立身を見込めなくなる。というより，大学進学はそれまでの「差をつける」でなく，「差をつけられない」ための進学という感じになる。

　しかし，こうした大学の歩みを進学者の立場から見直すと，西欧では身分制社会が固定化され，大学で学べるのは貴族層か富裕層に限られていた。また，アメリカでも高学歴取得者に人種的な偏りが見られた。そうしたなかで，日本では入試を通して，いわゆる旧来の身分に関係なく一般の家庭の子も高学歴の取得が可能だった。といっても，大学卒業に長期の就学が必要となるから，経済的な理由で進学を断念した子どもが少なくなかった。しかし，現在では大学進学率は5割を超え，誰でも大学へ進学できる時代を迎えた。それだけに，経済的にと同時に文化的な貧しさから，大学へ進学できない子どもの存在が大きな課題として登場してくる。

6．高学歴社会を生きる

　1920（大正9）年の第1回国勢調査によると，男子の平均寿命は42.8歳，1947（昭和22）年でも50.1歳だった。こうした時代なら，大学卒業後の寿命が30年程度のうえに社会の変化も緩やかだから，大学時代に身に付けた知識や技術で人生を全うすることができた。しかし，2017（平成29）年の平均寿命は男子81.0歳で，そうなると，大学卒業後に60年近い人生を送ることになる。

しかも，社会変動が激しさを増し，短期間で知識の陳腐化が進むから，大学時代に習得した知識の有効期限は短いと思わざるをえない。

OECD（経済協力開発機構）がリカレント教育を提唱したのは1970年だった。必要に応じて，大学と職場とを往復（リカレント；recurrent）するのが今後の望ましい生き方という提案である。OECDの本部がパリにあることもあって，当時はヨーロッパから新鮮な教育思想が入ってきたという感じだった。

それから40数年を経て，リカレント教育は理念の提示ではなく，現実の生き方の問題となった。社会生活を送るなかで必要を感じたら大学を訪ね，最新の情報を仕入れてリフレッシュし，再び職業社会へ戻っていく。還暦を過ぎても，可能性を求めて，大学に籍を置く生き方である。そうなると，若い時の学歴は最終でなく，実社会に飛び出す出発点という感じになる。

振り返ってみると，学歴が機能している時代は生きやすかったように思う。10代の時に正確に知識を記憶し，試験を突破できれば，その後の人生を保証してもらえた。しかし，現在のように知識量が短期間に肥大化すると同時に知識の陳腐化する社会を迎えると，記憶力は重要ではなく，知識を操作し，判断する力が求められる。端的にいえば，記憶力を尺度とした学校時代の成績などはご破算にしてよいし，学業不振などを気にする必要はない。その代わり，いくつになっても自分で課題を見つけて，チャレンジする姿勢が求められる時代である。

高学歴社会が到来し大学へは入学しやすい。しかし，出身大学は社会人としての出発点であって，その後いかにリカレントするかで人生が変わる。チャレンジする者には快適な社会だが，怠けていると人生の敗残者となる。いわば意欲を尺度とした実力主義社会である。リカレント教育の時代はそうした厳しい社会の到来を意味している。「青年よ！ 大志を抱け（Boys, be ambitious）」の後に，「この老人（クラーク）（like this old man）のように」が続いたと聞く。

7．今後の学習へ向けて

あなたのご両親や祖父母の進学時の状況をていねいに聞いてみてください。大きな思い出となる話を聞けると思います。

アクティブラーニング2
40歳位になった時，あなたはどういう暮らしをしていると思いますか。リカレント教育という視点を加えて，考えてください。

文　献

毎日新聞社会部（1977）．進学塾レポート―乱塾時代　サイマル出版会
深谷昌志（2007）．昭和の子ども生活史　黎明書房
深谷昌志（2017）．子どもにとって学業成績の持つ意味　児童心理2月号臨時増刊　金子書房

第8章
障害者に対するヘイトクライム（憎悪犯罪）

十島雍蔵

　良寛の『戒語』に，「いかなるが苦しきものととうならば，人をへだつる心とこたへよ」という差別を戒める言葉がある。人をへだてる差別の行為は，人間としての尊厳を根こそぎ否定し，生涯消すことのできない深い傷を心に残す。

　われわれ人間は，神様ではないのだから，100％健常ではないし，また100％障害でもない。そこにはグラデーション（濃淡の違い）があるだけである。その程度の差を，人為的に一定の基準を設けて，一方を健常，他方を障害と質の違いとしているのである。その基準のおおまかな目安は，生活していくうえで，本人が著しい苦痛を感じているか，人の手助けを必要とするほど困っているか，あるいはその両方である。

　われわれは子どもの頃，親から「何をしてもいいが，人に迷惑をかけることだけはするな」と言い聞かされて育てられた。でも，人に迷惑をかけないで生きていける人が誰かいるのだろうか。障害があればなおさらのことである。われわれはみんな，互いにかけ合う迷惑を「お互い様」と許し合いながら生きているのである。それなのにわれわれは，あえて人を健常者と障害者に分けて，障害者を差別しようとする。自分を健常者と思っている人の奢りである。

1．ヘイトクライム1：相模原障害者殺傷事件

　もうお忘れになっただろうか？　2016年7月26日未明にあのおぞましい事件が起きた。相模原障害者殺傷事件である。相模原市にある知的障害者施設「津久井やまゆり園」に男が侵入して，重度障害者19人を殺害し，27人に傷を負わせたヘイトクライム（憎悪犯罪）である。容疑者のU（26歳）は当施設の

アクティブラーニング1
あなたもきっとどこかで障害者と思われる人と出会ったことがあるでしょう。その時のことを思い出して何でもいいですから書いてください。

元職員であった。皮肉なことに，障害者差別解消法が施行されたのは，事件のほぼ4か月前の4月1日のことである（制定は2013年6月）。

　犯行のおよそ5か月前に衆議院議長に施設襲撃を予告する手紙を渡している。警察署の通報で，相模原市は精神保健福祉法に基づいて緊急措置入院させた。その時の診断名は「非社会性パーソナリティ障害」「大麻精神病」「妄想性障害」などであった。非社会性パーソナリティ障害とは，他人の感情に無関心で，性格などにゆがみが出る人格障害で，規範意識が欠如する精神病理的症状のことである。これに大麻による薬物障害と妄想様状態が併発していたと診断された。彼自身が精神障害を疑われているのである。

（1）Uの妄想的信念（ヘイトスピーチ）
　彼の発言内容がマスコミで大きく報道された。

- 「重度障害者が生きて行くのは不幸だ。不幸を減らすためにやった」
- 「障害者を抹殺することが救済なのに誰もやらない」
- 「殺害した自分は救世主だ。すべてを救済した」
- 「障害者を殺せば世の中は平和になる」
- 「ヒトラー思想が2週間前に降りてきた」

　彼の犯行目的は，「障害者を不幸から救い，世界を平和にする」ことであった。その手段として，「障害者を抹殺しなければならない」と短絡的に思い込んでしまったのである。彼の妄想的信念は，自分自身の障害に対する自己差別（自己憎悪）を障害者全体に投射した憎しみが「擬態としての愛」へ反動形成されたものと考えられる。愛と正義の大義の下に犯行が行われたのである。

（2）ヒーロー視する社会風潮
　ツイートには，彼をヒーロー視する投稿が相次いだ。

- 「Uの理念は間違っていない。方法が間違っていただけだ。Uの考えは必ず日本のためになると思う」

- 「アンチ障害者は密かに，Uを英雄視したりして！？……アンチ障害者，U以外にもいそう，潜在的に。……絶対いると思う」
- 「Uはぶっちゃけ，障害者という税金食い潰すだけのやつらを殺処分した英雄」
- 「本音は，亡くなって親はほっとしているのでは」

アクティブラーニング2
この事件について，もしあなたがツイートするとすれば，どのようにつぶやきますか？ 本音でどうぞ！

このようなUを英雄視するツイートを「火事場のヤジ馬の戯言」と安易にやり過ごすことはとても危険なことである。これがやがて日本の支配的な時代思潮として顕在化する可能性があるからだ。

遺族の心を逆なでするようなツイートは，自分を投影したゲスの勘ぐりにすぎない。これらのつぶやきは，自分も障害者と同じ弱者なのかもしれないという想像力の欠如によるものである。ツイッターは無意識のうちに自分を強者の立場に置いて，Uによる弱者の断罪に共鳴しているのである。もしかしたら，U個人だけを極悪人に仕立て上げて済まそうとする優等生的なマスコミ報道の自己欺瞞と嘘っぽさにうんざりしていたのかもしれない。ツイートの中には，「相模原事件を起こした犯人は一人だけど，事件が起こる土壌を一生懸命調えてきたのは，『普通の，どこにでもいる』日本中の人々だ」という鋭い指摘もあった。

（3）識者の語り

このような世間を震撼させる事件が起こると，必ずマスコミに識者が登場する。その一人，哲学者の萱野稔人氏の意見はこうである。

……事件の報道に接し，何となく後ろめたいような気持ちにならなかっただろうか。「差別は良くない」と言っている私たちにも「障害者はお荷物」という意識がどこかにあるのではないか。……特定の他者を「お荷物」とみなす感情があたかも存在しないかのごとく，「重度の障害者でも生きる権利がある」ときれい事を言ったところで説得力はない。むしろ，存在しないかのように扱われた感情はますます過激化し，広がる可能性をはらむ。……個人にも社会全体にも，二つの考えが常に併存していることに目を開くべきだ（南日本新聞2016年9月1日付）。

引用が少し長くなったが，まったく同感で，本章で筆者が書きたい趣旨がすべてこの一文に集約されている。

2．ヘイトクライム2：ナチスドイツの障害者「安楽死」事件

相模原事件は，社会的背景は措くとして，Uの妄想的信念が引き起こした個人的事件であった。次にもっと社会的に重大な国家的ヘイトクライムを取り上げよう。あのナチスドイツの障害者「安楽死」計画（T4計画）である。この事件は社会ダーウィニズムと優生思想の原理の負の頂点ともいうべき歴史的事件であった（ギャラファー／邦訳, 1996）。

（1）社会ダーウィニズム（社会進化論）

社会ダーウィニズムとは，ダーウィンの進化論の原則（適者生存・自然淘汰）を人間社会に適用したものである。進化論の先駆者であるラマルクの「用不用説」と「獲得形質の遺伝」が背景にある。これが20世紀初頭に大きな支持を得た優生学と合流したのである。

優生思想は，「障害の有無や人種の違い等を基準に，人の命に優劣の区別を定めて，優秀な者のみ存在価値を認め，劣った者を社会から排除する」という差別行為を正当化する思想である。これを受けた社会ダーウィニズムでは，社会進化のために不適者は人為淘汰（自然淘汰ではない）されるべきである，と主張する。怖いことに，この優生思想はわれわれ一人ひとりの心の闇の中に深く潜在しているのである。出生前診断で胎児に障害が見つかれば90％以上の親が中絶するという事実がなによりの証である。個人レベルの「障害者は不要」という優生思想の差別観が国家レベルに拡大されるととんでもない残虐な犯罪になる。

（2）T4計画

この計画で，総計20万人（公式的には，7万人）以上の障害者が「非生産的な人間」「生きる価値のない者」として抹殺された。被害者は，施設に収容されていた重度の知的障害者，身体障害者，精神障害者などであった。

H. G. ギャラファーによれば，この計画は，もともとヒトラーの思想によるナチス計画ではなく，社会進化論と優生思想にかぶれたドイツの医師たちが善

意から計画し実行したものだという。ヒトラーは，この計画に加担し，「最も慎重な診断」のうえで「患者が治療不能」であると判断された場合に，特別に指名された医師に殺人の許可を与えたのであった（ギャラファー／邦訳, 1996）。

中央政府による公式的なT4計画は1939年10月から1941年8月までの2年足らずであったが，それ以前もそれ以後，戦争が終わった後までも医師による「最終的医学的援助」は続いた。ドイツ全土の医師の私的な自己決定という形で「野生化した安楽死」が無差別殺人と化した，というのが真相のようである。ナチスドイツの医学的事件は，社会がいつも障害者に対して抱いている嫌悪と憎悪，敵意と恐怖を浮き彫りにしたものであった。

3．制度改革と福祉の理念

ドイツにおけるネオナチによる殺害にまで発展した障害者虐待は，現代にもある障害者差別がいかに根深いものであるかを如実に示している。こうした障害者差別は，今でも世界中どこにでも見られる現象である。わが国における典型的な例が上述の相模原障害者殺傷事件であった。

その反省から，障害者の人権擁護，差別解消，虐待防止政策の制定が世界の潮流となったのである。わが国における最近の障害者制度改革の現状はおよそ次のとおりである。

　　2011年　　障害者虐待防止法制定
　　2012年　　障害者総合支援法制定
　　2013年　　精神保健福祉法改正
　　2013年　　障害者差別解消法制定（施行は2016年）
　　2014年　　国連障害者権利条約の批准（国連の採択は2006年）
　　2016年　　発達障害者支援法改正（制定は2004年）

これらの制度改革の根底に流れる社会福祉の基本理念は，ノーマライゼーション（N），インクルージョン（I），そしてエンパワメント（E）の三本柱で

ある。筆者はそれぞれの頭文字をとって「福祉の合言葉はNIE」と表現している（十島，2004）。教育に新聞を活用するNIEではない。

　ノーマライゼーションとは，障害があってもそれを補って健常者と同じ生活条件を保障すること，インクルージョンは，福祉におけるノーマライゼーションの教育版で，障害の有無にかかわらず，すべての子どもに違いを認め，そのすべてを包み込む教育制度を保障すること，そしてエンパワーメントとは，社会的差別によって抑圧されている個人や集団に，彼らが本来もっている潜在的能力（パワー）を自覚させ，それを発揮させることである。NIEの核心は「自己決定の尊重」に集約される。

4．精神分裂化した社会

　このような理念に基づいて制度は次々に改革され，わが国の社会福祉は以前よりも確実に充実されている。山本おさむ氏が言っているように，U容疑者が主張した「障害者不要論」はすでに克服され，障害者と共に生きる共生社会（インクルーシヴな社会）の実現が目指されている。理性レベルでは確かにそういえる。しかし，感情レベルでみれば，障害者に対する社会の潜在的な精神的態度はほとんど変わっていない。障害者に対するスティグマ観（蔑視・汚辱の烙印）と親の恥辱感という社会的風潮は依然としてそのままなのである。

　建前が強調されればされるほど，反対の本音の部分が抑圧されて社会の闇に深く潜在することになる。社会の表面的な理性の部分と裏面の感情的部分とが統合されることなく二極分化すると，闇の部分が社会的にコントロール不能になってしまう。この社会的状況を「精神分裂化した社会」という。

　抑圧された本音は表面的には目に見えにくくなっているが，社会の闇に絶えることなく潜在していて，いつか何かのきっかけで暴発する。これが今回の相模原事件なのである。福島智氏は，この残酷な事件は，肉体的生命を奪う「生物的殺人」である，と同時に人間の尊厳や生存の意味そのものを優生思想によって抹殺する「実存的殺人」という「殺人の二重性」がある，と指摘している。「役に立つ」ことが人間存在の価値基準になりうるのかどうか，改めて障害者の生存（存在）価値が根本的に問い直されているのである。

さすがに，人権尊重が重視される現代社会では，障害者に対する〈あからさまな拒否〉は減ったように思われる。でも，各種のアンケート調査の結果が示しているように，障害者の多くが現在でもなお差別を感じており，社会の〈巧妙な拒絶〉に晒されているのである。「障害者も私たちと同じように生きていいのよ。ただし私たちの望むとおりに！（つまり，一段格下の生活レベルで！）」。これを「劣等処遇の原理」という。このように社会の支配的文化が定めた生き方を暗黙のうちに強いるところに優生思想が如実に姿を現わしているのである。

ヘイトクライムが単に障害者に対する差別や憎悪だけで起こるのであれば，事柄は単純である。しかし，多くの犯罪は，愛と正義と善意という社会的な共同幻想の仮面をかぶって犯されるのである。障害のあるわが子を不憫に思う〈親の愛〉が子殺しや親子心中を引き起こす。このことを社会は自覚していない。表は優しさを装いながら裏で欺くというこの欺瞞性に気づかせ，社会の共通認識にすることが，福祉心理学に課せられた重要な役割の一つであると思う。

むすび：今後の学習のために

あなた自身の心の奥底に潜む優生思想を目をそらさずに見詰めてください。そして現在でもなお差別を受けている人たちの苦しみを想像してみましょう。できたら，ボランティアで障害者とみなされる人たちと触れ合ってみませんか。

文　献

ギャラファー, H. G. 著　長瀬　修（訳）(1996). ナチスドイツと障害者「安楽死」計画　現代書館（Gallagher, H. G.（1995）. *By trust betrayed: Patients, physicians, and the license to kill in the Third Reich.* Arlington, VA: Vandamere Press.）

森　達也他（2016）. 相模原障害者殺傷事件　現代思想, *44*(19). 2016年10月号緊急特集　青土社（上野千鶴子・斎藤　環・大澤真幸・森　達也・最首　悟・木村草太・立岩真也・市野川容孝・尾上浩二・杉田俊介・熊谷晋一郎による論考集）

小浜逸郎（2000）. なぜ人を殺してはいけないのか―新しい倫理学のために―　洋泉社

十島雍蔵（編著）(2004). 福祉心理臨床学　ナカニシヤ出版

十島真理・十島雍蔵（2008）. 発達障害の心理臨床―基礎知識と家族システム―　ナカニシヤ出版

アクティブラーニング3
社会的ダーウィニズムと優生思想があなた自身の心の闇の中にも潜在しているのではないか？自分自身をよく見つめてみましょう。

第9章
職場としての児童養護施設で起こっていること

渡部純夫

アクティブラーニング1
児童養護施設は，全国に600か所ほど設置され，2万8千人前後の子どもが施設で暮らしています。あなたは，児童養護施設という言葉にどんなイメージをもっていますか。子どもの頃，施設から通ってくる友だちがいたら，そうした思い出も書いてください。

1．児童養護施設とは

　まず，児童養護施設についての定義から入ることにする。児童養護施設とは，児童福祉法の41条に記載されている。その内容とは，「児童養護施設は，保護者のない児童，虐待されている児童など，環境上養護を要する児童を入所させて，これを養護し，あわせて退所した者に対する相談その他の自立のための援助を行うことを目的とする施設」のことである。入所に関しては，児童相談所所長の判断に基づき，都道府県の知事が入所措置を決定する児童福祉施設である。入所対象者は，1歳以上18歳未満の幼児及び少年である。条件によっては20歳までの延長が可能な場合もある。平成17（2005）年の児童福祉法改正により，安定した生活環境の確保などの理由で特に必要と考えられる場合は，乳児も入所させることができるようになった。全国の児童養護の施設数は，平成28年の厚生労働省「社会福祉施設等調査」によれば，おおよそ615施設である。最近では，ひとり親家庭の保護者がやむをえない理由で児童を預けるショートスティや，ひとり親家庭の保護者が残業等で帰宅が恒常的に夜間に渡るときに，放課後児童を通所させ，生活指導や夕食の提供などを行うトワイライトケアなどを行う施設も徐々に増えてきており，現代社会の問題を映し出しているように思われる。歴史的に見れば，以前は孤児を預かる孤児院としての役割を果たしていたが，今は親の養育不可能が原因で預けられる子どもがほとんどであり，その中でも虐待のために実の親から離れて生活せざるをえない児童が年々増えているのが現状である。

　児童養護施設の職員構成としては，施設長を中心に，児童指導員，保育士，職業指導員，医師（嘱託），栄養士，調理員，事務職員などが勤務している。職員の役割の基本は，児童の住環境や食生活などの日常生活に必要な生活の場を整え，児童との信頼関係を築き，情緒面等の安定した生活を提供することにある。また，日常生活のあらゆる場面を通して，生活習慣や対人関係能力を身に付けることができるように，自立のための必要な支援を行っていく。

　児童養護施設の形態は，大きく分けて大舎制と小舎制の2つに分類することができる。大舎制（dormitory system）とは，大きな建物の中で食堂や学習

アクティブラーニング 2
それでは，大舎型と小舎型では，子どもの養育にとって，どんな利点や短所があると思いますか。

室などの設備を共有し，男女別に同年齢の10人から15人ほどの集団で生活を行う施設形態である。小舎制（cottage system）とは，施設の敷地内の独立した空間で，男女混合年齢縦割りの6人から8人ほどの集団で，特定の決められた職員と生活を共にする施設形態である。

2．児童養護施設の小規模化および家庭的養護の推進について

厚生労働省は，社会的養護の充実をはかるため，児童養護施設等の社会的養護の課題に関する検討委員会及び社会保障審議会児童部会社会的養護専門委員会において，平成23年に「社会的養護の課題と将来像」を取りまとめ，その中で，社会的養護は，原則として家庭養護を優先するとともに，施設養護もできる限り家庭的な養育環境の形態に変えていくことを取りまとめている。その内容について簡単に整理しておくことにする。

（1）社会的養護の課題と将来像での位置づけ

「社会的養護の課題と将来像」における児童養護施設の小規模化について，児童養護施設における小規模化・地域分散化は，児童養護施設の施設経営を縮小することではなく，その機能を地域分散化して地域支援へと拡大させ，施設の役割を大きく発展させることである。

（2）小規模化の意義

施設の小規模化は，施設運営方針で社会養護の原理として掲げた「家庭的養護と個別化」を行うものであり，「あたりまえの生活」を保障するものである。

（3）小規模化に当たっての課題の対応

小規模化に当たっての課題に適切に対応するために，職員を孤立させない組織運営の方法などを取る必要があること。そのため，小規模化を進めるための予算制度や小規模化したグループの人員配置と対応する職員と児童の相性などを検討して決めること。

3．児童養護施設への心理職の配置について

　平成11（1999）年，虐待を受けて児童養護施設に入所する児童の増加に対応するため，厚生労働省が虐待などの理由で心理療法を必要としている入所児童が10名以上いると児童相談所所長が認めた施設に，非常勤の心理療法を担当する職員が配置されることになった。心理療法担当職員の業務内容は，①遊戯療法などの心理療法を行うこと，②生活場面における面接を行うこと，③施設職員等への助言および指導を行うこと，④入所児童の処遇検討会議等へ出席し意見やアドバイスを行うこと，⑤その他の行為とされ，家庭環境の調整の一環として，保護者に対する心理的援助も含まれている。心理職が行う業務について，少し詳しく見ていくことにする。

（1）入所児童に対する心理療法

　心理面接や心理療法を行う部屋は，児童養護施設の敷地内にあることが多いため，日常と非日常の場を区別する必要が出てくる。ある施設では，1人あたり2週から4週に1回の頻度で，1回につき1時間の構造で心理療法が行われている。入所児童の心理療法室は，生活の場から離れた違う棟で実施されている。心理療法の場を日常生活の場から離すことで，心理スタッフが生活場面における入所児童とのかかわりを意識的に制限することにより，日常生活の場と非日常的な心理療法の場を区別し，日常的な場において愛着対象となる生活に直接かかわる処遇職員と心に抱えた課題の投影対象となる心理士の役割分担を行っている。心理療法の方法としては，入所児童の心理的問題に応じて考えられることになるが，主なものとしては遊戯療法（描画療法，箱庭療法，音楽療法，表現療法などを含む），言語を中心にしたカウンセリング，ソーシャルスキルトレーニング（social skills training: SST）を含めた認知行動療法などである。心理療法への導入の手順は，学校生活や施設での生活において，不適切な行動や問題が生じ，指導やかかわりが難しいと判断された時，施設長への報告をもとに，検討がなされ，心理療法の必要性が認められたときに行うことになる。

（2）職員に対するコンサルテーション

　心理療法対象児を担当する生活指導員，保育士，事務員などに対して，心理職員による児童への望ましいかかわり方や留意点，心理療法の経過をふまえた今後の生活における方向性などに関してのコンサルテーションが行われることになる。具体的には，担当保育士が日常の生活場面における児童の状況を記述した報告書をもとに，心理士と1対1で話をすることになる。ここでは，児童に対する心理療法の成果をどのように日常生活に還元されるかについて話し合われることになる。

（3）職員に対するカウンセリング

　過去のトラウマ体験を抱える児童とのかかわりを通して，時に職員が精神的バランスを危うくすることが起こる。そうした職員の心理的不安定な状況が，児童の心の状態に反映されていくことは想像に難くない。そこで，職員の申し出のもと，職員の心理的ケアを目的としたカウンセリングが行われることになる。

4．心理療法における成果と課題について

（1）入所児童に対する心理療法

　心理療法における面接の中で，心の中に抱えてきた葛藤や怒りを表現することで，日常の生活場面で情緒的な安定がはかられることを多く目にする。心理士との関係性が深まるとともに，面接までの感情の高まりをコントロールできるようになる児童もいる。そのようにして，心理的安定を時間をかけながら獲得していくことにより，別れなければならなかった親との間にある複雑な思いと向き合っていくことになるのである。入所児童は心理士との関係において，攻撃性や怒りなどの感情を表出しながら同時に過度の依存性と愛着を求めることで，生活場面の母親代わりの担当保育士との絆を徐々に獲得していくのである。近年，被虐待児であるというだけではなく，発達障害の診断を受けている児童や，診断を受けていなくても児童相談所の判断により継続的通院を求められるケースが増えている。このような場合，施設内の心理療法としては，どう

しても消極的にならざるをえなくなることがある。児童相談所を介して対応の相談を行っている時や，次回の通院に関しての判断を待っている間に，入所児童が何らかの行動化を起こすことも少なくないのが実情である。福祉臨床の特殊性をしっかりふまえ，他の機関との連携を取っていかなければならない。

（2）職員に対するコンサルテーション

　担当保育士とのきめ細かいコンサルテーションの機会を設けることで，心理療法場面での効果を日常生活の中に還元していくことが可能になる。経験年数の少ない職員もコンサルテーションにおいて提供されたアイディアを試していくことで，いろいろなことを学び自分なりのかかわりの方法を身に付けていくことになる。また，日常生活から生まれた担当保育士と入所児童の間で解決可能な問題の改善を，心理士に頼ってしまうこともあるので，担当保育士の成長のために何が必要かをよく考え，児童のトラウマ体験へのアプローチや愛着障害の解消などの本質的な目標に対する認識をしっかり確認しつつ，対処していくことが重要である。

（3）職員に対するカウンセリング

　入所児童とのかかわりのなかで，生活を通しての援助におけるつまずきや焦りや滞りなどは必ず向き合わなければならない課題である。その認識をもちながら，職員として仕事上のことのみならず個人的悩みなどの内容に関するカウンセリングが行われることにより，心理士と共に現在の苦悩と向き合っていくことで自己成長がはかられることになる。ただ，職員自身から相談の申し出があれば，比較的スムーズな導入が可能になるのであるが，必要性があってもカウンセリングを行うことができない場合も考えられる。コンサルテーションを通して，カウンセリングに誘うことも検討してみる必要がある。

5．児童養護施設における担当保育士の心理的成長について

　児童養護施設における児童指導員や保育士の人間性が，入所児童の成長や自己形成に与える影響には計り知れないものがある。心理職のかかわりも重要でありかつ必要であることに変わりはないのであるが，日常的にかかわる担当保育士の存在には目を見張るものがある。渡部（2003）は，「児童養護施設における心理的支援とケアマネージメントの現状と課題」の中で保育士の人間性と児童の成長の関係の重要性について指摘している。担当保育士が入所児童と日常的にかかわることにより，情緒面に落ち着きが戻り，安心と信頼といった対人関係の基本を身に付けていくことが可能になる。児童養護施設では，若い独身の女性保育士に仕事のかなりの部分をゆだねている。短大や大学を卒業し社会人になりたての保育士が，専門職として，虐待を受け心を傷つけた子どもたちの痛みに向き合い，苦しみながら人間的成長を果たしていかなければならない。入所児童の発する問題は実にさまざまである。時には母親への甘えを求めてくることもあるし，時には謂（いわ）れのない攻撃性を向けられることもある。そのなかで，どのように人間形成をしていくのかについて少し見ていくことにする。

（1）つなぐことの意味

　社会人として慣れない職場で，初めての経験をすることで戸惑いや不審，自己嫌悪などが起こりやすくなる。担当保育士にとっては試練の連続になると考えられる。自己成長を遂げ，しっかりと入所児童とかかわることなど到底不可能に思えることすらあるのではないだろうか。専門家として担当保育士が子どもと「つなぐ」ことをしていくためには，自分のアイデンティティをもち続ける努力を惜しまないことと，視点を子どもや周りの人々の内面におき，対象を現実との兼ね合いのなかで捉えていくことが重要である。自分だけではかなわないところを他のスタッフが補いつつ刺激を与え続けることで，専門家としてのアイデンティティが少しずつ育てられていくことになるのである。児童養護施設の構造的つなぎとしては，入所児童への具体的な援助内容を考えると，「養護」「保育」「心理」「教育」といった領域の連携とコラボレーションによって

行われていることが了解できるのである。その意味から考えて,「生活」のなかでのかかわりと「心理療法」におけるかかわりの融合や,「日常」と「非日常」をつなぐ担当保育士の役割が重要になるのである。

（2）個人とグループの関係について

個人としての成長は,グループの中で感じたことや影響を受けたことを,個として自己にいかに取り込み成長をはかるかにかかっている。小舎制などの施設の形態から,グループの担当になると,どうしても自分のグループのことやグループ内の子どもたちのことだけに目が行きやすくなる。その結果,総合的にいろいろな出来事を捉えられない自分を,他の人と比べて劣っているのではないか,自分が低い評価をされているのではないかと,そのことだけにこだわってしまいがちになる。最終的には,孤独感を招くことになりかねない。児童養護施設での仕事を通して,困難な状況に直面し,自分自身と向き合うことにより,「私」を深く考えた時,チームの存在を認識し,その中で支えられている自分を発見し,さらにそのことに気付いた自分が「私」を支えることになるのである。児童養護施設には施設長を始めたくさんの職種の専門家たちがかかわりをもって,子どもを支えているのである。

環境もまた自己成長に対して影響を与えているものの一つと考えられる。自然環境や社会環境の動きに合わせて,周りの評価も変わってくる。たとえば,緑の美しい自然に囲まれた建物を見て,ここで希望をもって働きたいと思うかもしれないが,月日がたち夏の日に害虫の多さに嫌気がさし,気持ちのうえでモチベーションに変化が生じてくる可能性がある。

6．施設での養育と家庭的な養育との機能分化を

厚労省は2017年に親元で暮らせない子どもの里親委託率を現状の18％から7年以内に75％へ引き上げると,数値を示しての目標を設定した。特に3歳未満児の里親委託は5年以内に実施を目指すという。たしかに子どもの家庭的な環境の中での養育が望ましいし,欧米の里親委託率は5割を上回っている。したがって,今回の方針は妥当と思われる反面,実親との縁の薄い子は虐待な

どの後遺症から発達障害的な問題を抱えている事例が少なくない。そのため，養育の困難な里子を抱え，疲労し切った状態の里親が少なくない。実際に里親は，研修を受けているといっても，善意な養育担当者にすぎない。それだけに，今後，養育しやすい子どもを里親に委託し，養育に困難が予想される子は専門的な対応のできる施設で養育するというような子どもの状況に応じた養育の場の設定が必要となろう。そうした意味では，児童養護施設は障害を抱える多様な子に対応できる専門性を保つことが重要となる。そうした意味では，今後，児童養護施設の性格が大きく変わっていくように考えられる。

文　献
渡部純夫（2003）．児童養護施設における心理的支援とケアマネージメントの現状と課題

第10章
企業社会が抱える課題

金城　悟

1．"KAROSHI"の衝撃

　2015年12月25日，クリスマスの日に大手広告会社の新入社員だったMさん（24歳）が自らの命を絶った。Mさんは母子家庭で育ち東京都内の国立大学を卒業して入社，インターネットの広告部門を担当していた。亡くなる日までの3か月間，母親・友人に宛てたMさんのLINEやTwitterには仕事で心身ともに疲弊した心の叫びがつづられている。Mさんのメッセージから休日返上，長時間労働による睡眠時間の不足，パワハラに該当すると思われる上司の態度など強いストレスにさらされた過酷な労働の姿が見えてくる。

- 2015年10月13日：「休日返上で作った資料をボロくそに言われた　もう体も心もズタズタだ」
- 2015年10月13日：「眠りたい以外の感情を失った」
- 2015年11月3日：「生きているために働いているのか，働くために生きているのか分からなくなってからが人生」
- 2015年11月5日：「土日も出勤しなければならないことがまた決定し，本気で死んでしまいたい」
- 2015年11月10日：「毎日次の日が来るのが怖くてねられない」
- 2015年11月12日：「道歩いている時に死ぬのにてきしてそうな歩道橋を探しがちになっているのに気づいて今こういう形になってます…」
- 2015年12月16日：「死にたいと思いながらこんなストレスフルな毎日を乗り越えた先に何が残るんだろうか」

・2015年12月17日：「なんなら死んだほうがよっぽど幸福なんじゃないかとさえ思って。死ぬ前に送る遺書メールのCC（あて先）に誰を入れるのがベストな布陣を考えてた」

出典：産経ニュース　2016.10.15

http://www.sankei.com/premium/news/161015/prm1610150023-n1.html

　長時間労働や仕事上の過度のストレスによって働く人が死に至ることを“過労死”という。過労死は1980年代後半から社会問題化され，国は2014年に過労死等防止対策推進法を制定した。過労死等防止対策推進法の第二条には「この法律において『過労死等』とは，業務における過重な負荷による脳血管疾患若しくは心臓疾患を原因とする死亡若しくは業務における強い心理的負荷による精神障害を原因とする自殺による死亡又はこれらの脳血管疾患若しくは心臓疾患若しくは精神障害をいう」と定義されている。仕事上の過労によって死に至る日本の企業に見られる過労死という社会現象は，世界中に衝撃を与えた。今では“karoshi”と諸外国の辞書にも表記され，国際的に定着した用語として使用されている。

2．過労死の背景：日本の企業社会が抱える働き方の問題

　Mさんは長時間労働を強いられていた。さらに上司からパワハラを受けていたことも明らかにされている。過労死の原因を探り，日本の企業社会における働き方について何が問題になっているか考えてみよう。

（1）日本の労働者はどれくらい働いているか：長時間労働

　労働時間は最高裁の判例（2000年3月9日）で「使用者の指揮命令下に置かれている時間」とされており，厚生労働省もこの見解をとっている。労働基準法では，①休憩時間を除き1週間に40時間を超える労働の禁止，②1日に8時間を超える労働の禁止，③毎週1回以上の休日を設定すること，が規定されている。法定労働時間を超える残業や休日出勤については労使間で協定書（36協定届）を締結し，労働基準監督署に届け出ることになっており，残業時

間(時間外労働)については36協定で月45時間,1年間で360時間を超えてはならないと規定されている。若干の例外もあるが,原則としてこれらの規定を超えた労働時間は長時間労働となり,労働基準法違反となる。また,月80時間を超える時間外労働(過労死ラインと呼ばれる)は健康障害を引き起こす可能性が高いとされ(厚生労働省,2001),労働基準法違反の目安のひとつとなっている。

Mさんが勤務した大手広告会社は2017年10月6日に労働基準法違反の罪で有罪が確定した。裁判の中でMさんの勤務状況が明らかにされている。Mさんの月単位の平均残業時間は10月が130時間,11月が99時間であった。1か月の出勤日数が23日として単純に計算すると130時間は1日あたり約5時間40分となる。午前9時から午後5時までの8時間勤務とすると残業が終わる時間は午後10時過ぎとなる。労働基準法が定める法定労働時間(1日8時間,1週間40時間内)を明らかに超過している。

日本の労働者はどれくらいの時間働いているのだろうか。OECD(2017)の調査によるとG7(Group of Seven；先進国首脳会議)と呼ばれる先進7か国のうち,日本の年平均労働時間はアメリカ,イタリアに続いて第3位である(表10-1)。最も労働時間の短いドイツと比較すると420時間も多く働いている。では,日本は勤勉に働く者の多い国といえるのだろうか。1時間あたりの労働生産性(利益,稼ぎ)の指標を用いて検証してみよう。表10-1を見ると労働

表10-1 年平均労働時間と1時間当たりの労働生産性の国際比較

	年平均労働時間			労働生産性(ドル)
1	アメリカ	1,783	1 アメリカ	69.6
2	イタリア	1,730	2 ドイツ	68.0
3	日本	1,713	3 フランス	66.9
4	カナダ	1,703	4 イタリア	54.1
5	イギリス	1,676	5 イギリス	52.7
6	フランス	1,472	6 カナダ	50.8
7	ドイツ	1,363	7 日本	46.0

出典：OECD(2017) OECD Employment Outlook 2017をもとに著者が作成

生産性は日本はG7の中で最下位となっている。ドイツと比較すると日本の労働者は約1.3倍の時間働いているが，稼ぎ出す利益はドイツの7割程度である。どうやら日本の労働者は長時間働いてもそれに見合う利益を生み出すことのできない効率の悪い働き方をしているといえそうだ。日本の企業社会が抱える長時間労働の問題は2016年から政府が進めている「働き方改革」施策でも改革の1つとして位置付けられており，今後，改善が期待されている。

（2）働く人への嫌がらせ：ハラスメント

ハラスメントとは嫌がらせやいじめを意味する言葉である。企業社会におけるハラスメントで問題になるのはパワーハラスメント（略称パワハラ）とセクシャルハラスメント（略称セクハラ）である。厚生労働省（2012）はパワハラを「同じ職場で働く者に対して，職務上の地位や人間関係などの職場内の優位性を背景に，業務の適正な範囲を超えて，精神的・身体的苦痛を与える又は職場環境を悪化させる行為をいう」と定義し，典型的なパワハラの行為を6つのタイプに分けている（表10-2）。セクハラはハラスメントの1つで性的な嫌がらせのことである。事業主や上司，同僚からの性的な言動に対して労働者が苦痛を感じたり，仕事の遂行に支障を来す状況はセクハラとなる。性的な嫌がらせに対する労働者の反応（拒否や抵抗）により昇進・昇格の対象から外され

表10-2　パワーハラスメントの類型

	類型	主な内容
1	身体的な攻撃	暴行・傷害
2	精神的な攻撃	脅迫・名誉毀損・侮辱・ひどい暴言
3	人間関係からの切り離し	隔離・仲間外し・無視
4	過大な要求	業務上明らかに不要なことや遂行不可能なことの強制，仕事の妨害
5	過小な要求	業務上の合理性なく，能力や経験とかけ離れた程度の低い仕事を命じることや仕事を与えないこと
6	個の侵害	私的なことに過度に立ち入ること

る，配置転換される，解雇されるなどのパワハラもセクハラに該当する。セクハラは男女雇用機会均等法によって企業側（事業主）がとるべき対策が規定されている。

（3） 24時間戦えますか：ブラック企業

　ここ最近，ブラック企業，ブラックバイトなどの言葉を耳にするようになってきた。労働基準法に違反する長時間労働やパワハラ，セクハラが発生する企業はブラック企業と呼ばれる。中には残業をしてもその分の給料が支払われないサービス残業が存在する企業もある。ブラック企業の業務改善や労働者の被害を防止する目的で厚生労働省（2018）は労働基準法，労働安全衛生法，最低賃金法に違反した企業をリストアップしインターネット上で企業の実名や法律違反の内容を公表するようになった。

　なぜブラック企業が日本の企業社会で発生するのだろう。Mさんの事例やブラック企業と判断された企業の活動状況を見ると，そこには企業文化と呼べる体質（社風）が影響していると思われる。Mさんの勤務先の社訓（全10項目）に

　　5．取り組んだら放すな，殺されても放すな，目的完遂までは。
　　6．周囲を引きずり回せ，引きずるのと引きずられるのとでは，永い間に天地のひらきができる。
　　9．頭は常に全回転，八方に気を配って，一分の隙もあってはならぬ，サービスとはそのようなものだ。

とある。社訓にはモーレツ社員，企業戦士，エコノミックアニマルなどと呼ばれ「24時間戦えますか」というコマーシャルが流れた高度成長期型のサラリーマンの姿が連想される。Mさんの上司は自分自身が若い頃に過酷な働き方を体験し数々の困難を乗り越え，その成功体験と自己効力感をもって部下の指導にあたっていたのかもしれない。

　企業内のセクハラも女性を男性社員と異なる差別待遇で雇用し，「女性は職場の華」と蔑視的に捉えていた頃の名残ではないか。

（4） 働けど働けど：ワーキングプア

「はたらけど はたらけど猶わが生活楽にならざり ぢっと手を見る」

石川啄木の歌集「一握の砂」に載っている有名な短歌である。明治期の歌であるが，100年以上経った現在に生きるわたしたちの暮らしにも同じ情景が浮かんでくる。ここ最近，職につき働いているにもかかわらず生活保護水準以下の所得しか得られない世帯（ワーキングプア）の増加が社会問題となっている。ワーキングプアは，一生懸命働いても生活が困窮する状態のことである。ワーキングプアは働く人の心身の健康や子育て家庭の教育格差に影響を及ぼす問題であり，国の積極的な格差是正策が望まれている。

3．過労死を防ぐ：メンタルヘルス・マネジメント

（1） ストレスの影響

長時間労働やパワハラ，セクハラなどの職場環境の悪条件は働く人のストレスの原因（ストレッサー）となり，ストレスを生じさせる。ストレスが蓄積すると自律神経系やホルモン，血圧や血糖値などに変化が生じ，身体，こころ，行動面にさまざまな症状が出現する（ストレス反応）。ストレス反応（表10-3）はストレスによって心身ともに疲れていることのサインとなるものである。ストレス反応が出現しても仕事を休み心身の回復を図ることができずに強いスト

表10-3　主なストレス反応

種類	主なストレス反応の例
身体的反応	頭痛，めまい，睡眠障害（不眠，過眠），胃腸障害（胃痛,便秘,下痢,など），頸肩腕障害（肩凝り,腰痛,腕のしびれなど），身体のだるさ，肌あれ，ぜんそく，動悸，息切れ，高血圧，など
心理的反応	笑顔が少なくなる，表情が乏しくなる，イライラする，元気がなくなる，怒り，疲労感，だるい，不安感，緊張，落ち着かない，憂うつ，何事も面倒，楽しくない，やる気がなくなる，集中力・記憶力の低下，孤独感（孤立感），絶望感，など
行動面の反応	仕事のミスが増える，遅刻・欠勤が増える，人と付き合うことが億劫になる，過食，拒食，たばこや酒の量が増える，お菓子を食べすぎる，片付けられなくなる，など

レスにさらされ続けると，脳出血や脳梗塞などの脳血管疾患，心筋梗塞や狭心症などの心疾患やうつ病などの精神疾患を引き起こし，過労死につながる可能性が高くなる。

（2）ストレスに対処する：メンタルヘルス・マネジメント

企業で働く人のストレスを軽減し労働環境を改善するにはメンタルヘルス・マネジメントが必要となる。メンタルヘルス・マネジメントはストレスに気づきストレスコーピング（ストレス対処法）を自分自身で実施するセルフケア，上司や管理職が部下の勤務状態やストレス状態を把握しメンタルヘルス不調者に対して相談や環境改善を図るラインケア，企業内のカウンセラーや相談業務担当者によるケア，企業外の専門家や相談機関を活用するケアの4つで構成される。働く人のストレスは人間関係の悪化が最も大きなストレッサー（ストレスの原因）となっている。4つのケアの中でもラインケアがうまく機能することがメンタルヘルス・マネジメントの有効性を向上させるカギになる。

（3）ストレスチェック制度の課題

2014年の労働安全衛生法の改正に基づき，2015年12月1日から労働者50人以上の事業場を対象に労働者のストレスチェックを実施することが義務づけられた。ストレスチェック制度は労働者が自分自身のストレス状況を把握しストレスコーピングを行うことでメンタルヘルス不調を未然に防ぐとともにストレスが生じないよう職場環境の改善を図ることを目的とした制度である。企業で働く人の心身の健康を公的にチェックする制度として期待されるが，残念ながら制度実施後もブラック企業や過労死は発生している。形式的にストレスチェックを行うだけではなく，職場環境改善の実施を義務づけることやストレス・マネジメントを実施する企業を優遇するなどの具体的な方策が必要になってくる。

4．よりよい働き方をめざして

2017年12月25日，Mさんが亡くなってから2年目の命日に母親の手記が公

アクティブラーニング1
誰しもが自分なりのストレス対処法を持っています。あなたのストレス対処法を書き出してみましょう。

表された。

　娘の○○○がいない，２度目のクリスマスです。
　……略

　立派な改革案が提案されていますが，いまだに○○社員は「自分たちは厳しい上下関係や深夜勤務を乗り越えて成長してきた」という成功体験に囚われていて，意識改革は遠く難しいと思います。会社も社員も非常識な文化や成功体験を捨て，改革への意識を共有して，本気で実行に向かわなければ，また不幸な出来事を繰り返すことになります。
　　　　……略
　パワハラも，人のいのちを奪います。パワハラやセクハラは絶対に許されるべきことではありません。
　　　　……略
　○○総理大臣が働き方改革を必ず成し遂げ，平日の残業の上限規制を１か月100時間未満にすると約束されましたが，過労死ラインを超える長時間労働を認めることになり，たいへん疑問が残ります。ヨーロッパ諸国のように，11時間の勤務間隔を開ける勤務間インターバルの義務付けこそが必要だと思います。労働時間規制の例外の拡大は絶対にあってはなりません。眠らないで生きられる人間などこの世にいるはずないからです。
　　　　……略
　私たちのような不幸な親子を増やさないために経営者や従業員，すべての人の意識を変えて，日本の社会全体で働く人の命と健康を守って欲しいと思います。

出典：毎日新聞（2017年12月25日より）公表された全文から著者により一部抜粋，一部○で伏字
　　　https://mainichi.jp/articles/20171225/k00/00m/040/102000c

　Мさんの母親の手記には日本の企業が抱える問題が鋭く指摘されている。企業は利潤追求を目的とした組織であるという認識から，社会的貢献や働く人の

ウェルビーイング（well-being）を実現することが重要であるという認識へのパラダイムシフトが起きつつある。よりよい働き方をめざしてどのような企業社会が望ましいのか，私たち一人ひとりが考えていかなければならない課題だ。

アクティブラーニング２
Mさんの母親が公表した手記の全文を読み，パワハラについてあなたが感じたこと考えたことを書き出しましょう。

文　献

厚生労働省（2001）．脳血管疾患及び虚血性心疾患等（負傷に起因するものを除く。）の認定基準について　基発第1063号

厚生労働省（2012）．職場のパワーハラスメントの予防・解決に向けた提言（案）

厚生労働省（2018）．労働基準関係法令違反に係る公表事案（平成29年1月1日〜平成29年12月31日公表分）
　http://www.mhlw.go.jp/kinkyu/dl/170510-01.pdf

第IV部
老年期

第11章
初老期のアイデンティティ・クライシス

十島雍蔵

　人生における最も重大な出来事は生（誕生）と死であり，成人としての重要なライフイベントは就職と退職である。また，子の誕生と巣立ちに伴う親役割の変化も大きな心理的問題を引き起す。

　初老期（向老期）の年齢区分は，論者によって多少異なる。65歳以降を老年期とするならば，それより少し前になるであろうが，50歳代から60歳代前半とするもの，あるいは50歳代後半から60歳代とするものが一般的である（岡本，1997）。重なっている期間は，50歳代後半から60歳代前半の10年間である。

　人生後半の決定的なライフイベントである定年退職や現役引退などの出来事を基準に区切ることもできる。退職年齢をほぼ60歳（還暦も60歳）として，その前後5年間を初老期とみなしても上と同じ期間になる。ただし，少子高齢化による労働人口の減少や長寿社会の到来などから定年を65歳まで延長しようとする社会的動向を勘案するならば，上記の年齢区分は若干上方修正する必要があるかもしれない。

　いずれにせよ，初老期は中年期から老年期への移行期である。もう若くはないが，まだ老いてもいない。これからの老いの人生をどう生きるかを模索するとても困難な心理的転換期である。この時期の発達課題の解決の仕方によって老年期の心理的諸問題が規定される。

1．対象喪失とグリーフ・ワーク

（1）対象喪失

　従来の生涯発達心理学では，老年期のライフステージを衰退期，または喪失

期と位置づけている。確かに初老期を迎えると，年を追うごとに失うものが増えてくる。その喪失体験は大きく5つに分類することができる。

①身心の健康の喪失
②経済的自立の喪失
③家族や社会とのつながり，または社会的役割の喪失
④生きがいや生きる目標の喪失
⑤自己存在やその意味・価値の喪失（実存的喪失）

これら5つの喪失体験は相互に密接に関連し合っている。初老期で最も厳しい体験は，社会的つながりと役割の喪失に伴う自己喪失と孤独である。このことから実存的苦悩に苛まれることになる。

（2）グリーフ・ワーク

最愛の家族や住み慣れた環境，職業，役割，生きがいや人生の目標など，これまで深く愛着していた対象を失うことから，悲しみや絶望，怒り，自責感といった情動反応が生じる。これを「悲嘆（grief）」という。悲嘆は，「グリーフ・ワーク（grief work）」という一連の心理過程を経て，回復に向かうとされている。この理論は，S. フロイトの「悲哀とメランコリー」（1917）で提唱された精神分析的理論をモデルとしている（岡本，1997）。

2．老いの受容

初老期の最も重要な発達課題は「老いの受容」である。これはグリーフ・ワークの過程と表裏をなしている。グリーフ・ワークが老いの現実を受け入れる前提条件となるのである。定年退職や現役引退ほど〈老い〉の現実を自覚させられる出来事はない。いくら自分の老いを否認したところで，やがてどうしようもなく認めざるをえない厳しい現実に直面させられる。

（1）受容の段階説

死や障害告知などによる対象喪失の受容過程については，さまざまな段階モデルが提案されている。ふつう4つか5つの段階に区分される。これらを参考

アクティブラーニング1
〈老化〉と〈老い〉は明確に区別される概念です。〈老化〉は外から客観的に把握できるものですが，〈老い〉は当人が主観的に直接体験するものです。両者の違いを具体例で考えてみましょう。

にして，老いの受容に段階説を適用してみると，定年退職直後の精神的ショックと混乱の初期段階から老いをあるがままに受け入れて精神的に安定する最終段階に至るまでの中間段階において，老いの現実を認知的に否認したり，どうあがいようもない現実を前に悲しみや怒り，不安，絶望，抑うつなどの情緒的混乱に陥ったり，何とかこの状態を抜けだそうと意志的に努力したりするような心理過程がこもごもに見られる。

確かにこれは理解しやすいモデルではあるが，複雑かつ微妙に変化するダイナミックな初老期の人の気持ちをこのような単純な法則で固定的に図式化できるものであろうか，そもそも段階説が前提とする最終的な適応段階としての「老いの受容」が果たしてありえるのだろうか，という疑念がある。

（2）慢性的悲嘆説

この「適応」という最終段階はないという段階説批判から生まれた仮説が慢性的悲嘆説である。この仮説では，老いの悲嘆は一過性ではなく，その時々の状況や出来事によって繰り返し顕在化するものと考えられる。初老期の人は，落ち込みと立ち直りの過程を繰り返す心理的〈ゆらぎ〉を体験させられるのである。このような不安定な状況で起こる精神的な落ち込みは自然な感情であって，悲哀排除や躁的防衛によって平気にふるまうことの方がむしろ神経症的なのだと言えるのではないだろうか。

（3）家族との関係性

「老いの受容」過程は，本人の内的要因だけではなく，家族や社会の要因が複雑に絡み合っており，まわりの人びととの関係性によって左右されるものである。定年退職は，本人のみならず，家族にとっても大きな問題であり，これまでの家族ホメオスタシスに重大なゆらぎをもたらす。家族ホメオスタシスがうまく機能して，新しい安定した家族システムが形成されるならば，本人も安心して老いを受け入れることができる。しかし，家族の小さなゆらぎが自己増幅すると，極端な場合，定年離婚といった家族崩壊にまで至ることも希ではない（十島，2001）。

3．アイデンティティ・クライシス

　初老期のもう1つの発達課題であるアイデンティティ（自己同一性）の再構築は，グリーフ・ワークや老いの受容過程と三幅対をなしている．

（1）アイデンティティとは
　E. H. エリクソンが青年期特有の情緒的混乱や精神的危機を統一的に理解するための鍵概念として1959年に提唱したものである（エリクソン／邦訳, 2011）．しかし，この概念は青年期だけでなく初老期の心理過程の理解にとっても同じように重要であると考えられる．自己同一性とは，「私は他ならぬ紛れもない私である」という他者に対する自己の独自性の意識のことである．

　社会や家庭における"役割"への同一化がアイデンティティの重要な規定要因となる．なかでも，「私は教師である」「私は医者である」「私は職人である」といった職業的役割の自覚が決定的に重要である．

　ところが，定年退職後は，中年の働き盛りにこれこそが紛れもない私であると思い込んでいた自分がもろくも雲散霧消して，アイデンティティ・クライシス（自己同一性の破綻や危機）が訪れる．これまで現役で培ってきたアイデンティティが通用しなくなるのである．改めて，「自分はいったい何者か」「これからどのような自分で生きていけばよいのか」「老いをもっとも自分らしく生きる道は何か」といった，まるで青年のような問題意識に悩まされ，アイデンティティのゆらぎを体験させられることになる．この人生の岐路をどう乗り越えるかで，その後の老いの生き方が決まるのである．

（2）自己同一性地位
　岡本祐子氏（1997）によれば，「危機の認知→主体的模索→再体制化」のプロセスがアイデンティティ達成のモデルとなる．J. E. マーシャ（1964）は，青年期の同一性の達成度を定めるために，〈危機〉の経験と〈傾倒〉の有無という2つの基準を設けて，「同一性達成」，「モラトリアム」，「早期完了」，「同一性拡散」という4つの自己同一性地位の区分を提案している．この概念も，

初老期のアイデンティティ・クライシスに適用することができる。

　モラトリアムは危機の最中(さなか)にあってまだ迷っている自我状態，同一性達成はそれを乗り越えてしかるべき価値へ傾倒している自我状態，早期完了は危機を経験することなく早々に予定の価値に身を委ねた自我状態，そして同一性拡散は何ものにも傾倒を示さないか，傾倒を回避している自我状態のことである。

　同一性達成と同一性拡散は同一性地位の両極に位置する。一般に達成は望ましい状態，拡散は望ましくない状態とみなされがちである。でも，同一性拡散は，初老期における重要な選択肢の1つかもしれない。なぜなら，アンチエイジングの風潮に流されて若さをあきらめきれずに悪あがきするのではなく，老いは自然なあたりまえのこととあるがままに受け入れて，何ものにも傾倒せず，ただ老いを淡々と生きることも1つの重要な知恵だからである。そもそも，完全な意味で同一性達成というのがあるのだろうか。

（3）アイデンティティ再考

　アイデンティティの模索は，「本当の自分」探し，あるいは「本当に自分らしい生き方」探しであるとされる。しかし，アイデンティティの模索を「本当の自分」探しと言うならば，現に今ここにこうして生きている現実存在としての自分は偽物ということになる。本当にそうだろうか。これまでの長い人生をわれわれは偽物の自分で生きてきたのだろうか。

　現実存在としての「偽の自分」と本質存在としての「本当の自分」とを二元的に分離して考えてはならない。現に生きているこの自分の他に「本当の自分」なんてありはしない。「本当の自分」探しはラッキョウの皮むきと同じで，むいてもむいても何も出てこない。初老期の仕事は，「自分はいったい何者か」ととことん悩んだあげく，結局「自分は何者でもない。ただの人。ただ，ただならぬ，ただの人」であることに気づき納得することである。たとえ，退職して自己喪失に悩み苦しんでいたとしても，「良くも悪くもその自分しか自分はない」のだし，現に今じたばたと生きているそのままが「自分らしい生き方」なのである。

　「本当の自分」探しを断念し，潔く諦めて同一性達成しないことが，あえていえば，初老期における同一性達成ということになるのかもしれない。エリク

ソンのアイデンティティ概念は西欧的自我思想の申し子であった。わが国における初老期のアイデンティティ獲得を考える場合，東洋的無我観を改めて考え直してみる必要があるように思う。「本当の自分」探しにこだわって，アイデンティティ・クライシスの解決に失敗すると，いつまでも自分に違和感や不全感をもちつづけ，自己喪失の罠(わな)に陥って，いわゆる「退職うつ」に代表されるようなさまざまな同一性の精神病理的現象を示すことになる。

4．初老期うつ

　以前，その年に小学校の教員を定年で退職した男性（A）が奥様に連れられて筆者のところに相談にみえたことがあった。話によると，A氏は典型的な「メランコリー親和形性格」で，教育一筋の人生を誠実に勤め上げたということであった。いわゆる真面目ないい人で，性格は明るく勤勉なため，生徒や保護者の人気も高く同僚の評判も良かったそうである。教育熱心な教師像を絵に描いたような人物であった。そのA氏が退職をきっかけにぽっきり折れてうつ状態に陥ってしまったのである。目の前のA氏は，話からは想像もできないほどやつれて年よりもずいぶん老(ふ)けて見えた。無口でほとんど口をきかれなかったが，一言二言独り言のようにつぶやかれた話をまとめると，「すっかり自分を見失ってしまい，身も心も疲れ切って，苛立ち，何かをしようとする意欲も失せ，気が滅入って，前途に希望をもつことができず，自信もゆらいで思い出す過去はすべて失敗ばかりだったように思える」のだそうだ。典型的な退職うつの症状である。

（1）症状の特徴
　うつ病の発症因としては，職業的要因，家庭的要因，身体的要因などが挙げられる。一般的傾向として，中年期うつでは，仕事上のトラブルや過労，対人関係のストレスなどの職業的要因が強いのに対して，老年期うつは，疲労感や睡眠障害，食欲不振，頭痛，心気様症状などの身体的自覚症状として前景化しやすい特徴がある。初老期うつは，中年期うつの特徴を残しつつ，職業的，家庭的役割同一性の喪失によるところが多いとされている（白井，2006）。

（2）認知の歪み

上記の性格要因や状況因の他に,「私は役立たず」,「生きていても迷惑をかけるばかり」という初老期特有の認知の歪みが発症の誘因になる。職場でも家庭でも「役に立つ」ことが過剰に自己の存在意義の規定要因になっているのである。うつの回復や遷延化の防止のために,「役割なき役割をもつ自己の存在意義」を見出せるように本人や家族へ働きかけることが有効である,と大森健一氏は述べている（白井, 2006）。

（3）巧妙な拒絶

J.C. コイン（1976）は,もともと統合失調症の理論であったG.ベイトソンの「ダブル・バインド」の概念をうつ病に適用して,興味ある「抑うつの相互作用モデル」を提案している（佐藤, 2005）。そのモデルによると,抑うつ者の重要な他者（たいていは,夫婦か家族）は,表面的には優しい援助を装いながら,裏面では否定的な感情を抱いて冷たく拒絶するような欺きを行う。抑うつ者は,このような〈巧妙な拒絶〉にうまく対応できず,抑うつを悪化させるため,さらに重要な他者からの拒絶が強まる。この相互作用における〈巧妙な拒絶〉はダブル・バインドの逆説メッセージの一種である。抑うつ者はどう反応しようもないアポリア（袋小路）に追い込まれて,症状を維持・悪化させる,というのがこのモデルで想定されている抑うつの悪循環プロセスである。

初老期うつを乗り越えるためには,家族の支援が不可欠である。家族システムの中で起きている症状をめぐる悪循環パターンを解消しなければならないからである（十島, 2001）。そのためになにより必要なことは,心理教育的アプローチによって,まず家族にこの〈巧妙な拒絶〉に気づいてもらうことである。気づけば何かが変わる。気づかなければ,悪循環はますますエスカレートするばかりである。気づいてただ暖かく見守ること,そして抑うつ者が自ら納得する新しいアイデンティティを確立するのを気長に待つ,これが初老期うつに対する心理療法的対応である。

アクティブラーニング２
〈巧妙な拒絶〉はふつうによくみられるコミュニケーションの１つの形態です。具体例を考えてみましょう。

例：「あなたが好きよ」と冷たい眼差しで言う。

5．むすび：今後の学習へ向けて

あなたの身近にいる初老期の人，何人かに現在の心境について話しを聞いてみてください。心理学的剖検法の試みです。そして，序章をもう一度読み返してそれと福祉心理学との関連について考えてみましょう。

文　献

エリクソン, E. H. 西平　直・中島由恵（訳）(2011)．アイデンティティとライフサイクル　誠信書房（Erikson, E. H. (1980). *Identity and the life cycle*. New York, NY: W. W. Norton.）

Marcia, J. E. (1964). *Determination and construct validity of ego identity status*. Unpublished doctoral dissertation, State University of New York, Buffalo.

岡本祐子（1997）．中年からのアイデンティティ発達の心理学―成人期・老年期の心の発達と共に生きることの意味　ナカニシヤ出版

小此木啓吾（2016）．精神分析のおはなし　創元社

佐藤宏平（2005）．抑うつの語用論的構成―interactional view of depression　現代のエスプリ　長谷川啓三（編集）臨床の語用論Ⅱ―徹底した相互作用という視点　至文堂

白井幸子（編）(2006)．死に急ぐ初老の人々―うつの時代シリーズ［現代のエスプリ］別冊　至文堂

十島雍蔵（2001）．家族システム援助論　ナカニシヤ出版

第12章
老いとは何か

稲谷ふみ枝

1. 何歳から高齢者か？

（1）超高齢社会の到来

　日本人の平均寿命は，1950（昭和25）年で男性58歳，女性61.5歳であったが，2016（平成28）年では男性80.98歳，女性87.14歳となり過去最高を更新した（内閣府，2016）。平均寿命とは，その年に生まれた0歳児があと何年生きられるかを表したもので，0歳児における平均余命のことである。このようにわが国において平均寿命が飛躍的に伸びた要因は，医学の進歩，栄養状態や衛生環境の改善があり，その基盤となっているのは，戦争のない平和な社会を維持してきたことであろう。先進国の高齢化率（65歳以上の人が総人口に占める割合）の推移（図12-1）からは，1980年代まで下位にあった日本が2016（平成28）で26.7％と世界で最も高い水準となり，短期間で高齢化が進んでいることが分かる。世界保健機構（WHO）の定義では，高齢化率が21％を超えた社会は「超高齢社会」と呼ばれており，日本は世界に先駆けて超高齢社会の課題と向き合うことになった。総務省によると，その課題とは，①生産年齢人口の減少，②社会保障費の増大，③介護負担の増大である（総務省，2010）。そして，そこには次章で挙げる認知症高齢者の増加も含まれている。このように戦後以降，寿命は飛躍的に伸びて，ライフサイクルも変わり新たな福祉の課題も生まれている。そこで生きる私たちは，伸びた命を「いかによく生きるか」という福祉心理学的な課題に取り組むことが求められている。

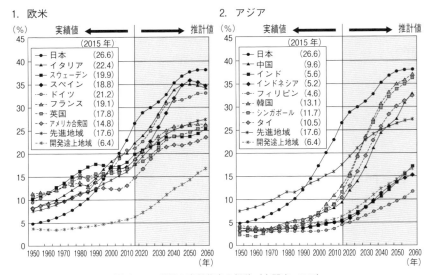

図12-1　世界の高齢化率の推移（内閣府，2016）

資料：UN. World Population Prospects: The 2015 Revision
　　　ただし日本は，2015年までは総務省「国勢調査」
　　　2020年以降は国立社会保障・人口問題研究所「日本の将来推計人口（平成29年推計）」の出生中位・死亡中位仮定による推計結果による。
（注）　先進地域とは，北部アメリカ，日本，ヨーロッパ，オーストラリア及びニュージーランドからなる地域をいう。
　　　開発途上地域とは，アフリカ，アジア（日本を除く），中南米，メラネシア，ミクロネシア及びポリネシアからなる地域をいう。

（2）高齢者の定義と区分

　これまでWHOの定義では，65歳以上の人を高齢者とし，65-74歳までを前期高齢者，75歳以上を後期高齢者としている。日本もこの定義を採用しているが，2017年に日本老年学会・日本老年医学会が，高齢者に関する定義検討ワーキンググループで，新しい年齢区分を提言した。これまでの前期高齢者を準高齢者・準高齢期（pre-old），75-89歳を高齢者・高齢期（old），90歳以上を超高齢者・超高齢期（oldest-old, super-old）というもので，その理由として高齢者の心身の健康に関するデータから加齢に伴う身体的機能変化の出現が遅延して「若返り」現象が見られていること，前期高齢者の心身の健康の維持と活発な社会活動が広がっていることを挙げている（日本老年学会・日本老年医学会，

2017)。

　心理社会学的には高齢者や高齢期の概念は時代によって変化するようにみえるが，人間の老化と加齢（エイジング）は，どのように起こっているのだろうか。

2．老化とはどのようなものか

（1）老化と予防
　人間は，生物として老いていくものであり，いつかは死を迎えて人生を全うする。成人以降，老化は身近なものであり，高齢期になると日常となる。老化学の専門家によると，「老化（senescence, aging）とは，加齢（aging）に伴って，生体機能（筋力，神経伝導速度，肺活量，病気に対する抵抗力等）あるいは生理機能が低下することであるという（後藤，2002）。この生物学的な老化がなぜ起こるかについては，多くの説があり解明途中であるが「フリーラジカルによる酸化ストレス説」を中心に，日本抗加齢医学会が挙げる要因としては「遺伝子の変異」「細胞機能の低下」「ホルモンや免疫力の低下」などがある。現在の医学でも老化は止めることはできないが，QOLを念頭に，アンチエイジングという食事，運動，サプリメントを導入した生活スタイルを健康的にするという介入がすすんでいる。一方，最近，老年学や老年医学では包括的な新しい概念として「フレイル」が提唱されている。もともとフレイル（frailty）とは英語で衰弱や老衰を意味する語であるが，「虚弱」「衰弱」という不可逆的な意味合いの用語に変わるものとして，日本老年医学会（2014）が「高齢期において生理的予備能が低下することでストレスに対する脆弱性が亢進して不健康を引き起こしやすい状態」と定義した。つまりこのフレイルとは，心身機能を中心とした加齢に伴う変化を理解し生活機能の低下予防や改善をするために多方面から評価するもので，身体的側面の要因として①体重減少　②筋力低下　③疲労　④歩行速度の低下　⑤身体活動の低下がある。また社会的側面（独居や外出頻度の減少など）や認知的機能の側面も含まれている（牧迫，2017）。

アクティブ・ラーニング1
あなたの年代の平均余命を調べてみてください。国の将来統計では平均寿命はさらに延びると予測されていますが，逆に短くなる場合，どんなことが要因となるでしょうか。超高齢社会でよく生きるために，どんな社会的資源が必要になるでしょうか？

（2）喪失と成熟

　老化の客観的な指標は，社会的な支援に役立つものであるが，実際に老いることでどのような心理的喪失や悲嘆や葛藤を経験するのか，それによってどのような心理的影響があるのだろうか。身体的機能の低下に伴う疾患の代表的なものである白内障や骨粗しょう症の高齢者の事例を通して考えてみよう。

　事例 1：モネの眼

　老化によって起こる疾患としては高血圧，心臓疾患といった内科的疾患のほかに，高齢者特有の目の疾患として老人性白内障がある。白内障は，50代から顕著に現れ，90歳以上ではほとんどの人が罹ると言われている。水晶体が濁って不透明になり茶色味を帯びて視力が低下し，色彩の区別が困難になるという。睡蓮の連作で有名な画家モネは，晩年白内障に苦しんだ。1911年に妻を亡くしてからモネは視力の衰えをはっきり感じるようになり，その翌年71歳で白内障と診断されている。白内障の手術を84歳で受けており，その間も絵を描き続けた。モネは医師にあてた手紙に「もう画家の眼を取り戻すことはできないだろうと，はっきりとそう思います。声が出なくなった歌手は引退します。白内障の手術を受けた画家は描くのをあきらめるべきなのでしょう。私には，できないことですが」と書いて送っている。モネは86歳で死去するまで，人生の最後の力をふりしぼり描き続けたという（六人部，1992）。まだ健康な時の透き通った美しい光の色彩を生んだ色使いは，晩年になると荒々しく色彩も変化した。そのモネが晩年に喪失と闘いながら描いた大作を見て，深い葛藤と失われることのなかった情熱を感じてみよう。

　事例 2：箸からこぼれる祖母の骨

　老化に伴って起こる骨折の原因の 1 つに骨粗しょう症がある。骨粗しょう症のガイドラインによると，特に高齢女性は男性の 3 倍多く発症するといわれ，その原因は加齢や閉経などであり，骨の新陳代謝のバランスが崩れて骨の量が減るために，骨がすかすかになっていく。筆者の祖母は，祖父を看取ってから独居生活をしていたが，近所の親戚の子守りや洗濯物をたたみに行くなどして小まめに動いて自分の身の回りは質素に整えて過ごす，という生活を送ってい

た。洗濯機で適当に洗った靴下や襟が伸びていないブラウスも祖母が金たらいで洗濯すると白くきれいになってもとの形にもどっていた。1993年に祖母は玄関で転び股関節を骨折した。そして病院に入院した数週間後に反対の側も骨折した。それは骨粗しょう症で脆くなっていたのであるが，祖母は股関節に金具を入れてボルトで固定して，自宅でリハビリを行い過ごすことを望んだ。「また元気になって子守りや家事をしたい」という願いを聞いて，妹と二人で祖母を介護することになった。祖母は何も多くを要求したことはなかったが，夜のトイレの介助は大変だった。自力で歩けないので，祖母の体重を二人でなんとか抱えて座らせるのだ。少ないときでも数回，多い時には5，6回起こされていた。人間眠れないと短気になる。祖母にたまらず「夜はおむつを使ってみたら」と言いそうになったが，リハビリだと我慢した。それでも朝方，祖母は疲れて眠る孫を起こさないように気遣っていたと思う。それから祖母は一時的に回復したが，老人保健福祉施設を2か所転院したあと，寝たきりになって数年後病室にて永眠した。火葬場で焼かれた祖母の骨は真っ白で一緒に添えられた花々の色で染まっていた。骨を箸で挟んだらぽろぽろと崩れた。ほとんど原型をとどめていない骨格の真ん中あたりに赤黒い金属が焼け残っていた。自宅介護の時，朝方，祖母のずるずると足を引きずる音が聞こえていた。畳のへりを超えられないほど，祖母の脆い股関節には，この赤黒く焼かれたボルトは重かったことだろう。老いて病気になり介護を受けるようになった時，どうやって人はその喪失や痛みに耐えることができるだろう。まだ経験したことのない人の苦痛や悲嘆を想像するために，どんな心理教育が必要だろうか。

3．最後の人生の課題に向き合う

1）人生の統合から老年的超越へ

　高齢期は，身体的健康が低下するのみならず，モネのように配偶者との死別を経験し，祖母のように病気や身体的衰えによってこれまで行ってきた日常的な役割や基本的な身辺の自立さえもできなくなるという，多くの喪失を経験する時期でもある。そのような高齢期に起こるさまざまな課題を発達課題や発達的危機として，心理学や社会学では捉えてきた。E. H. エリクソンとJ. M. エリ

クソンら（邦訳,1990：2001）は，人の生涯をライフサイクルに沿って8つの発達段階に区分し，各段階における自我発達課題とその危機について述べている。エリクソンらによれば，自我は生涯を通じて発達し，最後の段階である高齢期においては「自我の統合」と「絶望」に向き合うという。このステージを生きる人々は「統合」という永続的な包括の感覚とそれに対して「絶望」，すなわち恐怖と望みがないという感覚との間の緊張のバランスをとることが課題となる。そしてこの段階の基本的徳目（活力）である「英知」とは，「死そのものを目前にしての，人生そのものに対する超然とした関心」であるが，老化の影響や身体的精神的機能の衰えにもかかわらず，それまでの段階で獲得した力を再統合して次世代に伝えることでもある（エリクソンら／邦訳,1990：2001）。

　超高齢期の発達課題については「老年的超越」，人生の終末期で起こる変化を含めた第9段階が提起された。それは，80歳後半以降の死に至る最終ステージを示している。この段階は，身体的心理的そして社会的側面において多くの喪失を経験する時期であり，それは，8段階の「絶望」がつきまとうなか，ライフサイクルの最初のステージの「基本的信頼感」が厳しい試練の時期を支えてくれる。このような人生の危機に向き合うことにより，「老年的超越（gerotranscendence）」へ至るとされている。「老年的超越」とは，もともとスウェーデンのウプサラ大学のトルンスタム（Tornstam, 2005）が用いた概念であった。「老年的超越とは，メタ的な見方への移行，つまり物質的・合理的な視点からより神秘的・超越的な視点への移行」を意味している。それは宗教的信念や行為とは関係なく，ターミナル期の人が示す心の平穏に近いものであるという。また「老年的超越」とは，自己を超越するという「究極の解放」でもあるが，そのためには残された感覚を通して，人と触れ合い活動することが必要であるという（Tornstam, 2005）。最終ステージでは，ケアを受け入れ，また必要であれば助言する，そのような相互依存を信頼することが必要であり，コミュニティにおける世代間のつながりが強調されている（稲谷,2008）。

　このような高齢期や超高齢期の心理的葛藤や自我の発達の危機といっても，若いときにはピンとこないであろう。そこで，2つの課題に取り組みそれらの高齢期の発達課題を理解してみよう。

2つ目は,「統合と絶望の間,老年的超越へ」をテーマにした菊本康子さん（当時,社会福祉系大学の学生さん）のレポートを読んだうえで,自分の祖父母や高齢者の話を実際に聞き,その中から人生における喪失や発達課題を考えてみよう。

　私の祖母は94歳で他界した。明治の生まれの人間で11人の子どもを出産し戦火の中を生き抜いた。おまけに同居の嫁が子ども2人を残して早くに他界したため,育てた子どもは13人,同居の孫の子ども3人の面倒もよく見て一つ屋根の下で多くの子どもの成長を見てきた。

　亡くなった同居の嫁の子どもの2人のうち1人が私であるが祖母とは長い付き合いが持てた。祖母が60代のころは「かくしゃく」としていた。その頃は「子どもの学校に出向くことでまた知り合いができて楽しい」とか「この年まで学校の行事に関われて嬉しい」など前向きだった。70代になると私の就職で一段落したようで一緒に遊んでまわり,近くの温泉に頻繁に日帰り旅行をしたり食事をしたりした。80代になると少しずつ体の変調を言うようになった。体だけではなく精神的にも「うつ」のようなことを言い始めた。あんなに気丈だった祖母の変化が悲しかった。病気のためにたびたび入院するようになり「明日の朝,目が覚めないかもしれない」「自分のようになってしまうと生きている価値がない」「孫の嫁の厄介者」と繰り返しつぶやくようになった。正直あんなに世話になった自分も祖母の弱気な言動がうっとうしく思うようになった。「明日おきて目を覚ますことができるか……」「布団に入っても体が温まらない」「暗いと怖い」ということを繰り返し話していた。90歳を過ぎると肺炎や心不全で入院となり悲観的な言葉もエスカレートしていった。私はただただ育ててくれたことへの感謝と恩返しがしたいことや,祖母がいてくれるだけで心の支えになっていることを伝えたかった。入れ歯を洗ったり,体を拭いたりして対話する機会があることに感謝していることを伝えた。

　ところが,あるとき変化を感じた。祖母の生活している地域では80歳ころから生前のお礼に竹で作った箸や毛糸を使った巾着を作ったりして知人や親戚に配る風習がある。確実に迫っている死期を自覚しこの世に生きてお世話になった人に感謝し,お礼を伝える目的だという。祖母は少しずつ古毛糸で巾着を編み始めた。やがて悲観的な言葉があまり聞かれなくなった。祖母は死ぬ1

アクティブ・ラーニング2
1つ目は，映画『モリー先生との火曜日』を見て，話し合ってみよう。この映画は，実話であり，大学時代の恩師（難病SLSを罹って死の床にいる）と若い世代の教え子がともに人生を振り返る「授業」である。二人の「最終論文」のテーマは「人生の意味」についてである（アルボム／邦訳，1998）。

週間前に「もう長くない，今までありがとう。楽しかった，思い残すことはない。」と伝えてくれた。私も「本当にお世話になりました」ときちんとお礼をした。これは死ぬということを容認したような対応にみえるが，こんなに崇高な精神に対して死を否定することは失礼なことだと感じた。祖母はきちんと人生の幕が下りるときの挨拶をしているのだと認識した。

文　献

アルボム，M. 別宮貞徳（訳）（1998）．モリー先生との火曜日　日本放送出版協会（Albom, M. (1977). *Tuesdays with Morrie: An old man, a young man, and life's greatest lesson*. New York, NY: Broadway Books.）

エリクソン，E. H.・エリクソン，J. M. 村瀬孝雄・近藤邦夫（訳）（2001）．ライフサイクル，その完結（増補版）（pp.164-182）　みすず書房（Erikson, E. H., & Erikson, J. M. (1997). *The life cycle completed* (Extended version with new chapters on the ninth stage of development by Joan M. Erikson). New York, NY: W. W. Norton & Company.）

エリクソン，E. H.・エリクソン，J. M.・キヴニック，H. Q. 朝長正徳・朝長梨枝（訳）（1990）．老年期（pp.31-44）　みすず書房（Erikson, E. H., Erikson, J. M., & Kivnick, H. Q. (1986). *Vital involvement in old age*. New York, NY: W.W. Norton & Company.）

後籐佐多良（2002）．基礎老化学説入門―老化の基本概念と論点　細胞工学, *21*, 704-708.

稲谷ふみ枝（2008）．エリクソン（新）発達理論，人生の統合と絶望の狭間で　前原武子（編）発達支援のための生涯発達心理学（pp.189-191）　ナカニシヤ出版

牧迫飛雄馬（2017）．老化とフレイル―早期発見と効果的介入をデータから考える―　理学療法の歩み, *28*(1), 3-10.

六人部昭典（1992）．モネの歩み人生篇　モネの〝眼〟を解く鍵作品篇　芸術新潮, 1992年11号, 13-62.

内閣府（2016）．第1章高齢化の状況　平成28年度版高齢社会白書
　　http://www8.cao.go.jp/kourei/whitepaper/w-2016/zenbun/s1_1_5.html

日本老年医学会（2014）．フレイルに関する日本老年医学会からのステートメント
　　https://www.jpn-geriat-soc.or.jp/info/topics/pdf/20140513_01_01.pdf

日本老年学会・日本老年医学会（2017）．高齢者に関する定義検討ワーキンググループからの提言総務省（2010）．超高齢社会の課題　情報通信白書平成25年版
　　http://www.soumu.go.jp/johotsusintokei/whitepaper/ja/h25/html/nc123110.html

Tornstam, L.（2005）. *Gerotranscendence: A developmental theory of positive aging*. New York, NY: Springer.

第13章
超高齢社会と心理的支援

稲谷ふみ枝

1. 超高齢社会と認知症

　第12章ですでに述べたように，わが国はすでに超高齢社会となり，高齢化率は2025年には約30％に，2060年には約40％に達すると見られている（総務省，2013）。国内の縦断的な認知症の有病率調査から，今後高齢者の認知症患者数は増加し，2012（平成24）年で462万人，有病率が15％であったが，2025（平成37）年には，約700万人で65歳以上の5人に1人が認知症になると見込まれている（内閣府，2016）。

　認知症とは，一度発達した精神機能が脳の器質的障害により病的に機能低下し，日常生活に支障をきたす状態をさしており，病気の疾患名ではない。最新の精神疾患の診断と統計マニュアル第5版（DSM-5）では，認知症（dementia）という用語が，神経認知障害（neurocognitive disorders）という，老化を主要な原因とする脳の器質性疾患の総称に変わった。神経認知障害という疾病概念に代わった1つの理由は，英語の表記にあり「痴呆（dementia）」という言葉の意味から偏見や差別を社会の中で助長してきたことへの反省がある。老化を主要な原因とするというならば，まさしく誰でも認知症に至る可能性を有しているとも言え，認知症高齢者との関わりはさらに重要なものとなってくる。

アクティブラーニング 1
家族が認知症になったら，認知症かなと思ったら，どうしたらいいのでしょうか。
病院？市役所？　どこに行ったら医療や社会的支援が受けられるのでしょうか。

2．介護が必要になったら，どんなケアを望むか

　介護施設に入所している高齢者が，不安そうに「息子はいつ迎えにきてくれるだろうか？」とスタッフに何度も何度も聞き，最初は聞こえないふりをしているが，そのうち，何度も同じことを聞かれるので「今日は仕事でお忙しいので，来れないようですよ」と言ってしまう。すると高齢者が「息子に電話をしてください。明日何時に来るか聞いてほしい」と言う。スタッフはしょうがなく，「あとで電話します」と答えるが，"認知症"の人だから，自分の言ったことを忘れるだろうと考え，他にすぐにやるべきことが多いので，次のルーティンワークにもどっていく。このような状況は，介護施設において，日常的に起こりうることである。

　私たちは，相手に"認知症"というラベリングをして，相手に向き合わずに，"対処"しようとする。そして，利用者の「トイレに行きたい」には対処できても，「息子に会いたい」「お母さんのところに行きたい」「うちの田んぼに草取りに行ってくる」などの，愛情や役に立ちたいという人間としてあたりまえの感情に寄り添うことが困難に感じる。もちろん，そうできない理由はいろいろあるが，「どうせ，同じことを何回も言うから」「うちの施設ではスタッフが多忙で話をする時間は取れないのが現状だから」とその場限りの対応のみを継続していくと，心あるスタッフは自分の仕事に意味を見出せなくなって，どんどん職場を離れていってしまう（山岡，2011）。最近では待遇の良くない介護の職場という認識が広まり，施設のスタッフ不足は恒常化し，そのために過剰負担となり，離職が進むという悪循環が起こっている。このような現状は他人事ではすまない。どんな社会で生きたいか，介護福祉職の人だけでなく一人ひとりが当事者となって，自分はどんなケアを受けたいか，家族へのケアの在り方を考えることが鍵となってくる。

アクティブラーニング2
あなたの地域にある介護施設を調べてみましょう。どんな介護やサービスを受けられるのか，HPなどから探してみよう。自分はどんなケアを受けたいのか，具体的にイメージしてみてください。

3．認知症ケアの新しい考え方

　近年，世界の認知症ケアの潮流は，疾患やその症状への対処ではなく，「人」としての関わりを大切にするケアへと転換してきた。

　ここ10年，介護福祉領域でも，人間が成長し変容していくことを重視し，対象となる人との「関係」も治療（cure）から世話（care）という視点が導入されるようになった。特に2000年に介護保険制度が導入された我が国では，要支援・要介護高齢者（寝たきり，認知症，慢性疾患，虚弱高齢者）の増加に伴って，支援される側の意識や支援する側の意識の変革が生じており，これまでの「診断モデル」に基づく公的な措置から，利用者の「生活モデル」に基づく「選択」への転換は，欧米における疾患や障害から人をみるのではなく，全人的な"人"としての支援を目指すパラダイムの変化に一致するものと考えられる（Wood, 2001）。

　そして，我が国でも，長寿化のなかで増加する認知症や障害のある後期高齢者に対して，これまでの「疾患モデル」や「治療モデル」から，高齢者のQOLに基づく包括的支援の必要性が強調されている。旧来の見方では，脳障害が問題行動を直接引き起こす要因であると捉えられており，認知症の症状は機能低下に伴って悪化すると考えられていた。中核症状が低下することは疾患の特徴であると評価され，ケアの現場では周辺症状（BPSD：認知症に伴う行動と心理の症状）は抑えられないことであり，この考え方によれば，どうしても施設で行われるケアは，拘束を行うなど抑制的で，流れ作業的になってしまう。しかし，新しい見方では，疾患を一義的な周辺症状の起因として捉えず，ケア環境やその人の有する資源や残された機能を評価し活用することを重要視する。その結果，積極的に個人を知り（生活歴や行動能力など），その人の強さを認めて寄り沿うケアへと変りつつある（Kitwood, 1993, 1997）。

　このように，認知症ケアにおけるパラダイムの転換が起こっている。

　たとえば，「パーソン・センタード・ケア」という考え方（以下PCC）は，1990年代にイギリスの専門家の間で提起されて以来，認知症ケアの新しい潮流として広まってきた（石﨑・稲谷, 2006）。

PCCでは認知症という疾患の側から認知症者を捉えるのではなく，認知症という病とそれによる障害を抱えて苦悩する個人として認知症者を捉えて多面的な援助によってそのアイデンティティを支えようとする。すなわち，病前と病後のその人の人間性の連続性を支持すること，個々人のその人らしさ（personhood）の連続性を支持することが，ケアの基底におかれるのである。PCCが提起されたイギリスでは，そうした立場から認知症に対する新しい理解とケア体制の再構築が推し進められてきたが，ケアは認知症者の抱える包括的―身体的，心理的，社会的，霊的（spiritual）―な苦悩とニードに対応するものとして構築されている（Cantley, 2001；石﨑, 2004）。認知症者におけるこうしたQOLの包括的なニードの認識は今や欧米の専門家の間では広く共有されつつあるものである（Lawton, 2001）。

　そして，イギリスのアルツハイマー病協会の「Living with Dementia（認知症とともに生きる）」プログラムでは，協会の運営組織の中に認知症者自身が関与し認知症者がその意思決定に参加できるようにして，認知症者と健常者が話し合いながら認知症ケアの構築を進めている。こうした福祉現場のケアにおける人間観のパラダイム転換，つまり認知症の人の人間性を重視するということは，その人の主観的な世界を尊重するという態度と結びついており，そこからケアに臨む態度として認知症の人の話に真摯に耳を傾けてみることが重要となってくる。認知症の人から得られた言葉や行動を，その人の生活歴や現在の心理的ニーズにそって理解し，また，その人のウェルビーイング（心理的満足と良い活動状態）の改善のために用いるという理論である。

　アルツハイマー病の人自身が語る物語『私は誰になっていくの？』として注目されたクリスティーン・ボーデンさんの影響により，認知症を疾患のみで見るのではなく，認知症の人から見た世界やその人の人生の語りを支援に活かすナラティヴなアプローチがケアの現場でも展開するようになった（ボーデン／邦訳, 2003）。

　また『奇跡の脳』を執筆した脳科学者ジル・ボルト・テイラー氏は，脳卒中になった自分の経験から，回復過程において彼女が必要としたことについて，50以上の助言をまとめている。驚くことに，彼女は一人の科学者の目を通して認知能力が徐々に低下していく様子を，「類い稀なる旅」と呼んだ。「私の意

識は，自分が宇宙と一体だと感じるように」なったことを，その本で伝えている（テイラー／邦訳, 2009）。

「最も必要だった40のこと」より抜粋してみる。
・私はばかなのではありません。傷を負っているのです。どうか私を軽んじないで。
・そばに来てゆっくり話し，はっきり発音して。
・あることを何十回も，初めと同じ調子で教えてくれるよう，忍耐強くなって。
・心を開いて，私を受け入れ，あなたのエネルギーを抑えて。どうか急がないで。
・視線を合わせて。私はここにいます。私を見に来て。元気づけて。
・実際の行動以上に私が理解していることを，わかってもらいたいのです。

4．認知症とともに生きていく社会

　先進国の中でも，英国では先駆的な認知症フレンドリーコミュニティづくりに取り組み始めている。そしてその考え方に基づいて，東京の町田市，福岡の大牟田市など，全国の市町村で認知症施策推進総合戦略（新オレンジプラン）により「認知症高齢者等にやさしい地域づくり」が推進されている。その基本的な考え方は，認知症の人の意思が尊重され，できる限り住み慣れた地域のよい環境で自分らしく暮らし続けることができる社会の実現である。そして，地域住民を対象とした認知症サポーターの養成や地域資源マップづくりが行われている。

　あなたが地域でできることは，どんなことがあるだろうか？心理学を学ぶ立場から，先のボーデン氏やテイラー氏，認知症の人の意思を尊重するために，まずは身近な家族や祖父母に話を聞くことや，自分の住む町の資源マップを手に入れることもできるであろう。

　以下は，ある学生が福祉心理学で書いたレポートである。

「孫としてできること」
　祖母が詩吟に行かなくなった。いつも楽しみにしていたのに，以前であれば，詩吟に着ていく服を選び，会で友人たちにあって，詩吟を披露することを楽しみにしていたのに……。母親は祖母に「外に出なくなるとボケてしまうよ」と冗談を言ったが，祖母はまったく無視し，そのうち詩吟に行く話題から逃げるように取り合わなくなった。私は，あるときに祖母に言付を頼まれて，祖母に呼ばれた。そこで引きこもりがちな祖母が心配だったので，ひまがあったら買い物に一緒に行きたいねと伝えたところ，「詩吟に行きたいんだ。ほんとはね。でも詩吟の日を間違えたり，忘れ物がおおくて，詩吟の仲間の話についていけんの。恥ずかしいけどね。ばーちゃん，おかしくなったとやろうか……」，両親に言うと心配かけるし，ボケたと言われてしまうから，とこっそり話してくれた。祖母が一人で悩んで，心配していたことが辛かったです。最初は二人で対応を考えていこうと思ったけど，祖母の助けに私がなるから大丈夫だと言ったら，病院に行くことを納得してくれました。

5．バリデーション法入門

　これまで，人を中心とした介護ケアの具体的方法として，欧米で実践されてきた方法の１つに，前述したバリデーション（validation）がある。
　この方法は，最後の人生の課題に向き合う高齢者に寄り添う方法で，コミュニケーションをとる介護者側にとっても恩恵がある。ここでは，そのバリデーションの成り立ちと理論的背景や特徴について説明する。
　創始者のナオミ・ファイル氏は，1932年にドイツで生まれ，1936年にナチスから逃れ家族でアメリカに移住し，高齢者のケアホームを営む家で育った。彼女はホームにいるお年寄りの最後を迎える場面に多く立ち会うことで，人は人生における意味を見出すための最後の葛藤（奮闘）を経験し，安らかに死を迎えたいという深い欲求をもっているということを学んだのである。老年期では，心理的・社会的・身体的にも多くの喪失を経験するが，その喪失に適応するのは大きな試練となる。認知症高齢者にとってはなおさらであり，適応できずに自分のうちに引きこもっていくことを，不適応とは呼ばず，その人が安ら

アクティブラーニング3
認知症の人の思いを知る方法について考えてみてください。　家族で介護している人の思いも聞いてみよう。そこから何が見えてきますか？

かに死んでいく前に，自分を癒すために必要なプロセスだと考えた。

　「バリデーション」とは認知症の人の内的世界を否定しないでバリデート，つまり是認するということであるが，経験の記憶が薄れ，見当識が低下している認知症の高齢者が感じている感情や感覚を共感とコミュニケーションを用いて関わることで，心理的安寧につなげることを目的としている（ファイル他／邦訳, 2014）。

（1）高齢期以降の人生の最後の発達段階「解決のステージ」

　お年寄りが若い頃，人生の中で成し遂げておかなければならない大切な課題を十分にやり終えることができなかったとする。お年寄りは自分の人生を意味があるものとし，安らかな死を迎えるために，そのやり残した課題を解決しなければならないと感じるときがやってくる。年をとって老いに直面し，多くの喪失に出会ったとしても，多くの人はそれまでの経験を活かしてそれぞれの英知により，老いを認め自分の人生を肯定的に受けとめていくことができる。しかし，人生の最後の段階にきて，心理社会的な喪失に対応できない人や，それまでに成し遂げられなかった思いや，過去に直面してこなかった感情があり，それらに苦しむお年寄りもいるのである。そのようなお年寄りは，身体的・認知的機能が低下するに従って，さらに人生の課題に取り組めないまま，心理的な混乱や精神症状を示すようになる場合がある。

　ファイルはそのような最後の段階を「解決のステージ」と呼び，お年寄りが完全に引きこもらないようにするため，バリデーション法を開発したのである。

　E. H. エリクソンの自我発達課題から，ファイルは高齢期の人生の課題を，「過去の課題と向き合い，安らかに死を迎えること」であると述べて，もし，お年寄りが過去の課題と向き合えず，抑圧してきた感情や欲求を表現できないときには，完全な引きこもりの状態に至ってしまう，という仮説を彼女の実践から導き出したのである（デクラーク・ルビン／邦訳, 2009）。

（2）認知症の人とのコミュニケーションとは

　またファイルは，認知症の高齢者と共に生きる際に，バリデーションを通して深く相手を理解することによって，彼らが自尊心を取り戻し，また高齢者の

ストレスや不安を軽減する手伝いができると考えている（Feil, 1989）。

　これまで，高齢者に対するカウンセリングでは，非指示的な傾聴を基盤とした技法が多く用いられている。それは，長い人生を生きてきた年長者に対する敬意と尊敬の表れとして自然であり，高齢者のペースで話を系統的に聞くことによって，カウンセリングの基礎となる信頼関係を築くことができる。バリデーションにおいても，コミュニケーションを通じて，お年寄りとの信頼関係を築くのである。認知の混乱があり，見当識が低下し，外界との接触が減る（放っておかれる）と高齢者は，自分の内側に引きこもってしまう。そのような認知症の高齢者にアプローチするためには言語や非言語の効果的な関わりが必要となってくる。

　バリデーションが，他の心理療法や心理カウンセリングと異なる点としては，その目標を知的機能や精神機能の回復，活動性の向上などの指標に表される結果よりも，むしろ，人と人とのコミュニケーションによって，より深いレベルで相手を知り，理解するというプロセスに，重点をおいている点である。さらなる高齢化がすすみ認知症の人が増える社会において，認知症の人とのコミュニケーション法である「バリデーション」を学ぶことは，安心して老いていける社会の構築に寄与することにもなろう。

文　献

ボーデン, C. 桧垣陽子（訳）（2003）．私は誰になっていくの？　アルツハイマー病者からみた世界　クリエイツかもがわ（Boden, C. (1998). *Who will be when I die?* Sydney, Australia: Harper Collins.

Cantley, C. (Ed.). (2001). *A handbook of dementia care.* Buckingham, UK: Open University Press.

デ クラーク・ルビン, V. 稲谷ふみ枝（監訳）飛松美樹（訳）（2009）．認知症ケアのバリデーション・テクニック――より深いかかわりを求める家族・介護者のために　筒井出版（Vicki de Klerk-Rubin (2006). *Validation for family caregivers.* München, Deutschland: Ernst Reinhardt.)

Feil, N. (1989). Validation: An empathetic approach to the care of dementia. *Clinical Gerontologist, 8*, 89-94.

ファイル, N.・デ クラーク・ルビン, V. 高橋誠一・篠崎人理（監訳）飛松美紀（訳）（2014）．バリデーション・ブレイクスルー――認知症ケアの画期的メソッド　全国コミュニティライフサポートセンター（Feil, N., & de Klerk-Rubin, V. (1993). The validation breakthrough: Simple techniques for communicating with people with Alzheimer's and

other dementia. Baltimore, MD: Health Professions Press.）
石﨑淳一（2004）．痴呆性高齢者に対する包括的心理的援助　心理臨床学研究, 22, 465-475.
石﨑淳一・稲谷ふみ枝（2006）．新しい認知症ケア：「パーソン・センタード・ケア」とは　介護リーダー, 11(2), 30-37. 日総研出版
キットウッド, T. 高橋誠一（訳）（2005）．認知症のパーソン・センタード・ケア　新しいケアの文化へ　筒井書房（Kitwood, T.（1997）. *Dementia reconsidered: The person comes first.* Buckingham, UK: Open University Press.）
Lawton, M. P.（2001）. The physical environment of the person with Alzheimer's disease. *Journal of Aging and Mental Health, 5*（Supplement 1）, S.56-S.64.
内閣府（2016）．平成28年版高齢社会白書（概要版）高齢者の健康
　　http://www8.cao.go.jp/kourei/whitepaper/w-2016/html/gaiyou/sl_2_3.html
総務省（2013）．平成25年版情報通信白書　高齢化の進展
　　http://www.soumu.go.jp/johotsusintokei/whitepaper/ja/h25/html/nc123110.html
テイラー, J. B. 竹内　薫（訳）（2009）．奇跡の脳――脳科学者の脳が壊れたとき　新潮社（Taylor, J. B.（2008）. *My stroke of insight: A brain scientist's personal journey.* New York, NY: Viking.）
Woods, R. T.（2001）. Discovering the person with Alzheimer's disease: Cognitive, emotional and behavioral aspects. *Aging and Mental Health, 5*, 7-16.
山岡喜美子（2011）．その人らしく生きる高齢者を支える――介護の視点から考える――　人間と科学　県立広島大学保健福祉学部誌, 11(1), 13-19.

第V部
まとめとして

第14章
レジリエンスを育てる

深谷和子

1．この章を開かれるみなさんに

「あなたが現在もっている，〈確かな〉人生の資産は何と何ですか？」と聞かれたら，あなたは何と答えますか。

ある社会人のゼミでのこと。この問いに参加者は「資産ですか。大した預金もないし，株もないし，家もちっぽけだし」と当惑気味であった。

「まず，配偶者でしょう。それにお子さんも。ご存命なら，ご両親も」

みなの表情がふっとほころんで「それなら，親戚，親友，……自分には無いけれど，キャリアかな。名門大学の卒業生とか，ステイタスな仕事とかもありますね」等々の答えが返ってきた。

「でも，不慮の事故で家族を無くすこともあるし，親もいつかは亡くなるし，友だちと仲たがいすることだってあるし，まして親戚も。仕事には定年があるし。どれも，一生の〈確かな資産〉と言えるでしょうか」

話は，ここから始まる。最後に扱う「レジリエンス」は，それらの〈不確かな〉資産ではなく，人が一生持ち続けられる資産，人生の宝物かもしれない。

2．レジリエンスとは

レジリエンス（resilience）というやや耳慣れない語は，「強さ，立ち直り力，回復力」とも訳され，日本では比較的近年になって注目され始めた語だが，人の重要な特性の一つである。その発端は，1954年にハワイの貧しい島で，2

人の研究者（E. E. ワーナーとR. S. スミス）によって研究調査が開始され，その後40年にわたってフォローされた「カウワイ研究」である。

カウワイ島は，ハワイにある貧しい島だった。極度の貧困，親の精神疾患や離婚などの強いストレッサーの下で育った「ハイリスク」児が，どの位の割合で精神的に健康な若者に育つことができるか，仁平義明によれば，健康に育った子どもと，そうなれなかった子どもにはどんな条件の違いがあったのかを32年にわたって追跡し，子どもたちが20歳の時にまとめた研究である（仁平，2014，2016）。

日本では，こうした長期にわたる研究（縦断的研究）が乏しく，横断的研究（たとえば，5歳児，10歳児，20歳児のように，現時点でのサンプルを取って，その比較によって子どもの成長等を見るような方法）がほとんどで，そうした意味でも，まことに貴重な研究であった。ちなみに，スタート時点の子どもは698人，そして20年後に489人もの追跡に成功した。この追跡調査は，子どもが0歳，2歳，10歳，18歳，32歳，40歳の時点で行われた。

極貧のこの島では，スタート時点で1/3の乳幼児が，「ハイリスク児」であった。家庭の貧困，親の離婚，親の精神疾患の下にあった子どもだった。そのうち，2/3は，10歳までに学習や行動上の問題を起こし，18歳までに非行やメンタルヘルス上の問題を起こしたが，1/3は，18歳の時に「社会的に有能な，自信をもった，思いやりのある」人間に育っていた。

この1/3の数字を多いと見るか，少ないと見るかは，人によって違うかもしれない。しかし，これだけの悪条件の下にあっても逞しい若者になった者たちがいるなら，より多くの支援があれば，この数字はもっと上がるに違いない。とすればわれわれは，劣悪な条件下に生まれた子どもであっても，支援の手があれば，その将来に大きな希望を持つことができる。カウワイ島の子どもが32年間に，それぞれ，どんな成長の過程をたどったか。その詳細は分からないが，今の日本には，はるかによき成長を保証する社会的条件がそろっている。

他の研究者たちによる虐待等を受けた子どもの追跡研究でも，1/3までには至らなくとも，深刻なトラウマを抱えながら，「回復」を遂げた子どもたちの存在が，ある割合で報告されている（フレイザー／邦訳，2009）。

人は人生で，何度か大きな苦境に立たされる。きわめて厳しい状況に直面し

た時に，心理的に破たんしたまま，いつまでも悪い状況から抜け出せずにいるか，それとも自分のもっている力をうまく使って，その状況から抜け出すことができるか。深刻な状況からの「立ち直り力」を意味するのがこの語の概念で，失敗や挫折からの回復力，いわばバネの力がレジリエンス（resilience）と名付けられている。

　人がどんな環境下に生まれ育つかは運命的なもので，資産をもって人生をスタートできる者も，そうでない者もいる。しかし，レジリエンスこそが，だれでももつことのできる，人生の確実な「資産」ではなかろうか。

　仁平義明（2014）は論考の最後に，「レジリエンスは，科学的研究の対象であると同時に，社会の希望，思想だといえるかもしれない」と結んでいる。

3．ヴァルネラビリティ（vulnerability：脆弱性，傷つき易さ），ハードネス（hardness），PTG（post-traumatic growth：心的外傷後の成長）

　それまで研究者たちには，挫折からの回復力ではなく，心の傷つきやすさ（脆弱性）の研究や，ハーディネス研究（強いストレスがあっても，心のハーディネス（頑丈さ）によって，そのままの状態を保てる人々の持つ条件）に関心があった。ハードネスとは，われわれがよく口にする「打たれ強さ」である。

　しかし，その後「トラウマ後の成長（post-traumatic grows）」という概念が出てきた（宅，2017）。苦しい体験もそれを乗り越えれば，しばしば人を強くする。あの苦境があったからこそ，今の（強い）自分があるという体験は，辛い出来事に大小はあっても，多くの人々の中にあるのではなかろうか。

4．あなたのレジリエンス（回復）体験について，思い出してみましょう

　　アクティブラーニング１
　　あなたのこれまでの人生で，「つまずき，落ち込み，傷つき」と，それらからどうやって回復したか。あなたの「性格」や，もっていた「力」がそれからの回復にどう役立ったかを思い出して，以下に書いてみましょう。

〈対人関係で〉

アクティブラーニング2
では，学業やアルバイト関連での「つまづき」と，それからどうやって回復したか。あなたの「性格」や「力」がどう発揮されたかを書いてみましょう。

〈学業やアルバイトで〉

アクティブラーニング3
では，あなたが，これまでの人生で出会った「大きな苦境や逆境」と，それらから，どうやって回復したか。あなたの「性格」や，もっていた「力」がどう発揮されたかを書いてみましょう。

〈苦境や逆境に出会った時〉

アクティブラーニング4
　あなたはご自分を，大まかに言って，レジリエントな人間（回復力のある人間）だと思いますか（4．とてもそう　3．わりとそう　2．すこしそう　1．あまりそうでない）　　　　　　　　　　　　　　（記入日　20　　年　　月　　日）
　また，何年か後にこれをやってみたら，変化しているでしょうか。

5．レジリエンス測定尺度

　心理学者は，尺度を作って人の特性を測ろうとするのが好きである。レジリエンスについても，いくつもその試みがされてきた。その対象は，大人は無論，幼児から大学生までに及んでいる。
　しかし，レジリエンス測定尺度にはいくつかの難しい問題がある。
　もともとこの概念のスタートは，人生において，逆境に立たされたときの回復力を意味していた。大震災や大津波などの大災害をはじめ，大切な家族，家や財産等を失った時，長年目標にしていた志望校や資格試験にどうしても合格できない時など，ふつうでは乗り越えられないほどの苦境からの回復力を指す言葉であった。学生がテストに失敗して単位を落としたとか，財布を落としたとか，好意をもっていた相手にフラレたなどの，日常的で些細なできごとからの回復ではない。とりわけ大きな（人生の節目となるような）ライフイベントに出会った時の挫折である。とすると，人生でまだ多くの人々（親や大学）の保護下にある若者たちが，「大きな苦境」に出会うことはめったにないであろう。したがって，将来そうした状況に立たされたとき，切り抜けていけると思うかどうかを，予測的に聞く以外にはない。

しかし範囲を広げて，日常の「小さな失敗や傷つき」からの回復体験の中で，自分にどの位回復する力があるか，これまで回復してきた経験があるか，いわば「自己信頼感」なら測定できそうである。

ちなみに，レジリエンスを扱った研究の中から1例を挙げて，補助資料にその使用項目を掲げた。ちなみに小塩他は，これを「レジリエンス尺度」とせず，「精神的回復力尺度」と命名している。

補助資料：精神的回復力尺度の項目（小塩他，2002）

①新規性追求因子
　1．いろいろなことにチャレンジすることが好きだ
　2．新しいことや珍しいことが好きだ
　3．物事に対する興味や関心が強い方だ
　4．私は色々なことを知りたいと思う
　5．困難があっても，それは人生にとって価値あるものだと思う
　6．慣れないことをするのは好きではでない（−）
　7．新しいことをやり始めるのは面倒だ（−）
②感情調整因子
　8．自分の感情をコントロールできるほうだ
　9．動揺しても，自分を落ち着かせることができる
　10．いつも冷静でいられるよう心掛けている
　11．粘り強い人間だと思う
　12．気分転換がうまくできない方だ（−）
　13．辛い出来事があると耐えられない（−）
　14．その日の行動によって行動が左右されやすい（−）
　15．飽きっぽい方だと思う（−）
　16．怒りを感じると抑えられなくなる（−）
③肯定的な未来志向因子
　17．自分の未来にはきっといいことがあると思う
　18．将来の見通しは明るいと思う
　19．自分の将来に希望を持っている
　20．自分には将来の目標がある
　21．自分の目標のために努力している

注1）回答は5件法（5．4．3．2．1）（−）は，反転項目
注2）この授業は，心理学プロパーの授業ではないので，採点表は載せないが，ご関心がある方は，文献（小塩他，2002）を図書館で探してお読みください。
注3）「カウンセリング研究」第35巻第1号より許可を得て転載。

また，大学生用レジリエンス尺度作成の試みからは，「自己信頼と楽観性，他者からのサポート」が大学生に見出され，他のレジリエンス研究からも「自尊心（self-esteem），適応力，楽観性，よい人間関係，自己効力感（self-efficacy）」等の因子が析出されている（小塩，2016）。

6．レジリエントな子どもをつくり上げる要因

　カウワイ研究，またその他によれば，リスクや逆境から回復した子どもは，「社交性に富む気質，高い読解力（知的能力），家庭内の支え手，地域におけるメンター」などの条件の持ち主だった。以下は松嶋秀明（2014）による紹介をもとに，多少の解説を加えたものである。
①社交性に富む気質
　1，2歳の頃から「活発，可愛いい，友好的，応答的，社交的」などの（本人が意図しなくても，周囲のかかわりを引き出すような）特性の持ち主。
②高い読解力
　おそらくは，よき知的能力の持ち主で，（10歳の頃には）ずば抜けた才能はなくとも，クラスメートといい関係を作り出すスキルをもっており，（18歳の頃には）自分たちの境遇に流されてしまうのではなく，自分が直面している問題に，自ら立ち向かっていけるという感覚の持ち主。自己信頼感とも言えそうである。これは，レジリエンスの要件の中核に位置する因子ではなかろうか。
③家庭内にあった支え手
　家庭内にあった，少なくとも1人は情緒的に安定していて，子どもの様子に敏感に対応してくれ，子どもが信頼関係を結べる人の存在。いわば，代理（両）親の存在（祖父母，年長のきょうだいや，親戚など）である。
④地域の中のメンター（仕事上や人生における助言者，指導者）の存在
　地域に，困った時に相談できる人，先生やその他自分を気にかけてくれる人，恋人や，教会の仲間等，いわば同志といえるような存在がある。

7. まとめ：後の学習のために

レジリエンスは，本人に備わった特性（性格や能力）だけでなく，それ以上に，周囲の人々との人間関係による「サポート要因」から強化されると考えられる。また，大人の保護下にある時に，小さな失敗や傷つきを数多く体験し，周囲に支えられながら，それらからの回復の経験を重ねて，「レジリエントな自分」という自己像を構築しておくことも有効と思われる。

文　献

フレイザー, M. W.（編著）門永朋子・岩間信之・山縣文治（訳）(2009). 子どものリスクとレジリエンス──子どもの力を生かす援助　ミネルヴァ書房 (Fraser, M. W. (Ed.). (2004). *Risk and resilience in childhood: An ecological perspective* (2nd ed.). Washington, DC: NASW Press.)

松嶋秀明 (2014). リジリアンスを培うもの──ハワイ・カウワイ島での698人の追跡研究から　児童心理, *68*(8), 401-445.

仁平義明 (2014). レジリエンス研究の現在　児童心理, *68*(11), 13-20.

仁平義明 (2016). レジリエンス研究の展開　児童心理, *70*(1), 13-20.

小塩真司 (2016). レジリエンスの構成要素──尺度の因子内容──　児童心理, *70*(1), 21-27.

小塩真司・中谷素之・金子一史・長峰伸治 (2002). ネガティブな出来事からの立ち直りを導く心理的特性──精神的回復力尺度の作成　カウンセリング研究, *35*, 57-65.

斎藤和貴・岡安孝弘 (2010). 大学生用レジリエンス尺度の作成　明治大学心理社会学研究, 5号, 22-32.

宅　香菜子 (2017). レジリエンスとPTG（心的外傷後成長）　臨床心理学, *17*(5), 654-658.

第15章
ウェルビーイングな人生

中山哲志

1．支援する，支援される両者に必要なウェルビーイング

　ウェルビーイングな人生とはどのような人生であろうか。各章ごとに，ライフスパンに応じて生じがちな種々の生活課題に対して，福祉心理学はどのように対処するかについて考えた。福祉心理学はウェルビーイングを指向する心理学であり，社会的にヴァルネラブル（vulnerable）な人びとのこころの状態を適切なものにし，より良い生き方につながる支援方法を模索するため，個人のこころの在り方や社会の制度や仕組から課題を捉えてきた。その際，支援を受ける対象者だけでなく，支援をする人びとのこころも含めて，ウェルビーイングが実現される必要があることに気づかされた。

　ここでは4つのエピソードから「支援する」「支援される」の両者の関係から見て，こころの在り方がどのようにウェルビーイングな人生や生き方につながるのか考えたい。

（1）自己選択，自己決定できる人生

「住む場所は，どこがいいですか」
（ホームレスの人への質問）

　厳寒の季節を迎え，炊き出しのニュースを見ると，ホームレスの人びとが気にかかる。厳しい寒さの中どこで暖をとり，夜を過ごすのか。都市公園や河川，駅舎等で生活するホームレスの人びとの背景には，人生のふとした出来事をきっかけに，こころ傷つき，人とのつながりが薄れ，また支援を受けることへ

の不安や不信から，ますます孤独な状況に追いやられていく一人ひとりの物語がある。

　もしも誰かに相談して「助けて貰いたい」という声を上げることができれば，諸制度から直ちに支援を受けられる可能性が高いのだが，その声を上げることすらできない。誰かがその窮状を代弁しなければ公的支援にはつながらない。厚生労働省は経年的に全国で実態調査（厚生労働省，2017）を行っている。表14-1は，住まいについてどのような思いでいるのかを尋ねた結果である。

　医師である森川は，支援の要請を待つのではなく，アウトリーチによって，都市暮らしのホームレスの人びとを訪問し，必要な支援につないでいる。ある自殺未遂をしたホームレスの男性に，これまでの話を傾聴したあと，「住む場所はどこがいいですか」と訊いた。すると「たいていの人は，目を私にあわせてくださる。びっくりされるのである」（森川，2015）。自分で選び，決める，気持を表現できる，自分で解決することを忘れてしまったような男性が，「住む場所はどこが良いか」と聞かれて，奪われた権利を確認するように，「知っ

表14-1　「今後，どのような生活を望んでいますか。1つ選んでください（問33）」の回答

	人	%	有効%
1．アパートに住み，就職して自活したい	310	21.6	21.7
2．寮付の仕事で自活したい	41	2.9	2.9
3．就職することはできないので何らかの福祉を利用して生活したい	144	10.0	10.1
4．アパートで福祉の支援を受けながら，軽い仕事をみつけたい	183	12.8	12.8
5．入院したい	4	0.3	0.3
6．家族の下に戻りたい	24	1.7	1.7
7．今のままでいい（路上（野宿）生活）	505	35.2	35.3
8．わからない	100	7.0	7.0
9．その他	118	8.2	8.3
有効回答数	1,429	99.6	100.0
無回答	6	0.4	
合計	1,435	100.0	

＊平成28年度　ホームレス全国実態調査（生活実態調査）より

第15章　ウェルビーイングな人生　163

アクティブラーニング1
表14-1から理解できることや，より調べてみたい疑問について書き出してみよう。

ている場所がいい」「東京都ならどこでもいい」「静かな場所がいい」とさまざまな答えを返してくる。

　簡易検査等によって対象者の中には，知的障害，精神障害の疾患を抱えている場合がある。ときに命に関わる危機状況がありながら，こころない言葉や態度に傷つき，医療機関での受療を拒む場合があるようだ。支援者に対する強い反発や不信感を抱いている場合が少なくなく，対象者の人権や尊厳に十分に配慮した働きかけが必要であり，一緒になって問題の解決に取り組む姿勢を相手に示し，そのことをよく理解してもらう必要がある。

　先入観をもって「本人の能力を裁断しないでほしい」。どこに住みたいかを尋ね，本人が希望する住まいを確保する「ハウジングファースト」の考えは，こころから相手の思いに寄り添い，対象者の立場や状況に配慮しようとする姿勢に貫かれている。住む場所を自分で選び，住み慣れた地域での生活を自分で判断して決めていく。誰かに指図されたり決められたりするのではなく，「こういう暮らしをしたい，生き方をしたい」の思いにつながる主体的な思考が，エンパワメントの力を湧出させていく。どのように何をしたいかを自分で選べる生き方は，ウェルビーイングの人生に通底する重要なものである。

（２）アロマザーな人びとのウェルビーイング

> 「信頼のできる人，理解者，そして支援者がほしい。最近ではチーム養育等という言葉も聞かれる。１人の子どもに何人もの関心が集まり，見守られていく。そうであってほしいものだ」(里親の声)

　誕生から幼児期の育ちのなかで，母親や養育者の無償の愛がその後の成長や発達に影響を与える。子どもは母親との愛着関係のなかで環境に適応し，学習し，発達していく。しかし，さまざまな理由から家庭で暮らせない子どもがいる。なかには虐待を受け，こころに傷をおった子どももいてトラウマに対する配慮が必要になる。こうした子どもは社会的養護の対象者として，子どもの最善の利益が守られるように保護され，乳児院や児童養護施設などで養育されている。また，子どもの育ちにおいて必要なのは温かな人間関係であり，家庭的環境のもとでの養育が望ましいことから里親制度が推進されている。しかし欧米と比べて我が国の里親数はまだ少なく，社会的養護の対象となる子どもたち

の約2割が里親家庭で養育委託されている。

　児童福祉法のもとで里親たちは行政から養育を委託され，我が子のように愛情を込めて子育てを行うが，その養育の実際は決して簡単なものではない。年齢相応の生活習慣が身に付いていない。赤ちゃん返り（退行現象），乱暴な態度や言葉遣いで気持が通い合わないなど，里親子関係の構築に困難を感じている里親は少なくない。また，近年，社会的養護の対象となる児童のなかには虐待経験を受けてきた場合が少なくなく，愛着形成に困難を抱えがちで，心理面からの専門的な対応が必要な児童も見られる。2013年に実施した厚生労働省の調査によれば，里親委託された約3割の児童に虐待経験が認められている。すぐに養育を中止し，委託を辞退してもおかしくない状況だが，里親は愛情を込めて根気強く子育てを行い，より適切な里親子関係をつくりあげることに日々努めている。

　里親は，血縁関係に頼らないで，社会的な関係の中で子どもを育てる人びとである。「母親による養育」の期待と圧力が強い我が国において，「子どもを取り巻く母親以外の個体による世話行動（アロマザリング）」の考えは，これからの共生社会を考えるうえで重要な手がかりを与えてくれる。保育園，幼稚園，学校（教育機関），出産や育児に関わる医療・保健機関，里親も含むさまざまな子育て支援制度がアロマザーとしてアロマザリングの役割を果たしている。

　里親―里子関係づくりの難しさは，アロマザーである里親の無償の愛情や利他行動によって支えられ，虐待経験のある里子のこころは里親の温かな包容力によって，適切なウェルビーイングの状態を取り戻していく。

　支援関係においては，被支援の側である里子のウェルビーイングが重要であるが，支援するアロマザーのこころの在り方についても十分に留意しなければならない。里親・里子両者のこころにウェルビーイングがなければ，豊かな人間関係が育まれていかない。「信頼のできる人，理解者，そして支援者がほしい」の里親の声に応えられるようにしていくとともに，実親のもとで育てることが難しければ，子どもたちをみんなの力で育てて行く包容力が社会には必要である。支援者である里親のウェルビーイングが実現されなければならない。

（3）そんな言い方で呼ばれたくない

> 「良い子でさえよく分からないで、妹のような子に対してその言葉を使って話している。家ではそんな言い方は使わない。嫌な汚い言葉（curse word）だからね」（ローザの兄ニックの言葉）

　障害のある人びとをどのように呼称するかは、内外を問わず人びとの人権意識を映す鏡のように変遷を遂げてきた。近年では医学モデルから社会モデルへの転換が進み、個人に焦点を当てた医学的な捉え方ではなく、社会がどのようにその障害を捉え、向き合おうとしているかに注目した呼称に代りつつある。我が国においては、1998（平成10）年に「精神薄弱の用語の整理のための関係法律の一部を改正する法律」が成立し、「精神薄弱」が「知的障害」の用語に変更された。また、かつて用いられていた「不具」「廃疾」の用語が廃止されたことにより、差別や偏見につながりやすい人びとの障害理解をより適切なものに改めさせてきた。

　障害の「害」の字についても、以前は「流れを妨げる」の意味をもつ「碍子」の「碍」の字が使われていたが、常用漢字表に「碍」の字が含まれなかったために、当て字のように害の字が使われてきた経緯がある。常用漢字の見直しにあたり、「碍」の字を含めて用いるべきとか、ひらがなで表記する方が負のイメージを払拭させるのに良いなどの論争が起こった。

　W. ヴォルフェンスベルガー（W. Wolfensberger）は、社会がヴァルネラブルな人びとをどのように呼称するかは、同時代に生きる人びとの価値や意識を反映している、と指摘した。彼は、N. H. バンク・ミケルセン（N. H. Bank-Mikkelsen）やB. ニィリエ（B. Nirje）とともに、ノーマライゼーションの理念を確立し広めるうえで重要な役割を果たしてきた。ヴォルフェンスベルガーは障害者の生きる価値を認め、その果たしている社会的役割を理論化してきた。

　呼称問題に関係して、2008年10月、ダウン症の少女であるローザさんの訴えが、連邦法を変えるきっかけを作った。オバマ大統領の署名によって、ローザさんの名前からとったいわゆるローザ法（Rosa's Law）が成立し、それまで連邦法で知的障害に係る用語であった（mental retardation, mentally retarded）の使用が廃止され、新しい用語（intellectual disability）に改められた。「日常的に使われる呼称によって、当人や家族がどれほど傷ついている

か理解してほしい」と，ローザさんと家族が訴え，その願いを知った上院議員等の働きによって，教育，保健，労働に係る連邦法に用いる用語の改正に至ったのである。ローザさんの「こんな言われ方をしてほしくない」との願いは，自分のことを精神的に遅れた，劣った人として蔑むような見方をしないで欲しい。知的な面に障害はあっても一人のかけがえのない個人として生きていることに価値を置いてほしいとの願いでもあった。相互の人格や個性を尊重し合う社会にあって，呼称問題は決して小さな問題ではなく，人間関係に大きく影響する意味を持っている。ローザ法のように，ウェルビーイングを指向する運動は，こころの在り方，価値を確かめるものとして，人間関係をより適切なものにするために現存する法律や制度の見直しを図り，ときには変容させる力を持っている。

（4）誰かに必要とされる喜び，役立つことの誇り

> 「本当に可愛いですね。そして大変元気。この子たちの元気が私たちの元気のもとになるようです。この子たちの成長を見届けたい」
> 　　　　　　　　　　　（「このゆびとーまれの」利用者の声）
> （NHKにんげんドキュメント「笑顔の大家族」―富山デイケアハウスの日々―　2002年5月9日放映）

　誕生から死を迎えるまで，かけがえのない命を大切にし，豊かな人生を歩むうえで重要なことはライフスパンを通じて学習したウェルビーイングを活かし，その人らしく自己実現を図っていくことであろう。

　ウェルビーイングな人生を高齢期で考えてみれば人生の最後の時期を，aging in placeの言葉が表すように，住み慣れたな場所で，最後までその人らしく自立して生きていけるかが課題となる。その人らしく生きるには，毎日の暮らしがどれだけ「自分で選び，決められるもの」であるか。また何か問題があっても「できるだけ自分で解決できる」かにかかっている。さらに，社会から孤立せず，コミュニケーションできる相手の存在も必要で，さまざまな思いを分かち合える人間関係が毎日の暮らしを豊かにしていく。

　富山型デイサービスとして知られる「このゆびとーまれ」のデイサービス事業は，赤ちゃんからお年寄りまで，障害がある人も一緒にケアする居場所をつ

アクティブラーニング2
　エピソードから1つを選び，関連する内容についてより詳しく調べてみよう。そのうえで対象者のウェルビーイングに必要なものがなにかについて検討を加えなさい。

くりあげてきた。共に助け合い，支え合う，笑い声の絶えない暮らしを記録したドキュメンタリーは多くの人びとに感動を与えた。デイサービス事業所を始めた惣万さんらはお年寄りと子どもとの相性の良いことを活かして，物忘れなど認知症の傾向が出てきたお年寄りを一人にせず，子どもの遊び相手や面倒を見てもらうように誘いかけていく。子どもを相手にして，お年寄りは表情が柔らかくなり，言葉も多くなり，どのように遊ぶか考えて頭を使い始める。70歳になるお年寄りも生後9か月の女児の面倒を見ながら一緒に歌い，身の回りの世話をする。それまでできないことが増え，「ダメですね」「無理ですね」と不安やあきらめを毎日の日記に綴っていたのが，「本当にかわいい。成長を見届けたい」と喜びに満ちた表現内容に変わっていく。

年老いても，誰かから必要とされる喜びや，何かに役立てているとの誇りは，自尊感情に結びつき，その人の暮らしそのものを活き活きとしたものにする。「このゆびとーまれ」の居場所のように，さまざまな人びとが交わり，くつろぎ，語らい，支え合う生活はウェルビーイングな人生と重なりあう世界である。

2．ウェルビーイングな人生には豊かな人間関係がある

4つのエピソードからウェルビーイングな人生とは何かについて考えたが，それぞれに共通するものに豊かな人間関係があった。一方的なものではなく，相互に創り出す関係の中にウェルビーイングがあった。ホームレスの人のこころに寄り添うことができた問いかけ，愛着関係に見られる安全基地としての里親の無償の愛，同時代を共に生きる人間として対等に受けとめてほしいとの願い，相手に役立つことの誇りとそこから生まれる自尊感情が，やがて相互のものとして共有され，それぞれのこころを豊かにし，生活を充実させたものにしていくのであろう。

文　献

ABC News (2009). Rosa's Law to End Term 'Mentally Retarded'. Retrieved from ABC News (Nov.18, 2009).
　http://abcnews.go.com/Health/rosas-law-asks-senate-kill-slur-mentally-retarded/story
　(2018年1月28日参照)

森川すいめい（2015）．漂流老人ホームレス社会（p.219）朝日新聞出版
木ノ内博道（2015）．里親という営みについて「発達障害を抱える里親の養育困難に関する実証的研究」第1年次報告書（p.172）
厚生労働省（2017）．ホームレスの実態に関する全国調査（生活実態調査 p.61）
　www.mhlw.go.jp/toukei/list/64-15.html（2018年1月11日参照）
厚生労働省（2017）．社会的養育の推進に向けて（平成29年12月）社会的養護の現状（p.13）
　www.mhlw.go.jp/stf/seisakunitsuite/bunya/kodomo/kodomo

索　引

事項索引

A to Z
ADHD　68
affect attunement　38
aging　131
BPSD　143
bullying　52
cottage system　98
dementia　139
dormitory system　98
DSM-5　67
grief　120, 133
grief work　120
intellectual disability　167
International Classification of Functioning, Disability and Health　68
karoshi　107, 108
neurocognitive disorders　139
old　130
oldest-old, super-old　130
PCC　107
personhood　144
pre-old　130
PTG（post-traumatic growth）　143
Rosa's Law　166
resilience　153
school phobia　56
school refusal　56
senescence（aging）　131
self-efficacy　159
self-esteem　17, 159
social skills training: SST　101
QOL　155
vulnerability　155

well-being　1, 161

あ
愛着　32
愛着形成　165
アイデンティティの再構築　123
アイデンティティ・クライシス　123
アウトリーチ　162
赤ちゃん返り（退行現象）　165
アスペルガー症候群　67
アメリカ精神医学会　67
アロマザリング　165
安全基地　169
育児不安　28
いじめ　45
　──の４層構造　49
　──の尺度　50
　──防止対策推進法　51
居場所　61
イマジネーションの障害　67
インクルーシブ教育　68
インクルージョン　2, 94
ヴァルネラビリティ（vulnerability）　155
ヴァルネラブル（vulnerable）　4, 165
ウェクスラー知能検査　72
ウェルビーイング（well-being）　1, 161
うつ病　56
英知　135
エンパワメント　2, 94
老いの受容　120, 122
親性　13
音楽療法　101

か
介護　141

――保険制度　143
解離　38
カウワイ研究　154
カウンセリング　102
格差是正策　112
学習障害　67
学歴社会　78
家族システム　122
学校恐怖症（school phobia）　56
学校ぎらい　56
家庭内暴力　61
家庭養護　100
加齢（aging）　131
過労死　108
　　――等防止対策推進法　108
関係性という考え方　14
感情　17
基礎的環境整備　70
基本的信頼感　16
義務教育　55
教育支援センター（適応指導教室）　58
共生社会　94
緊急措置入院　89
グリーフ・ワーク（grief work）　119, 120
契約制度　2
限局性学習障害　68
限局的反復行動　72
高学歴化社会　77
攻撃　38
攻撃者との同一化・虐待状況の再演　38
広汎性発達障害　67
公認心理師　1
巧妙な拒絶　95, 126
合理的配慮　70
高齢化率　129
高齢者・高齢期（old）　130
国際生活機能分類（International Classification of Functioning, Disability and Health）　68
国連障害者権利条約　93
心の器　14
心の機能　73
子育て支援制度　165
骨粗しょう症　133

孤独　120
子ども・子育て支援制度　28
子どもを取り巻く母親以外の個体による世話行動（アロマザリング）　165
このゆびとーまれ　169
コラボレーション　104
コンサルテーション　102

さ
相模原事件　92
相模原障害者殺傷事件　87
里親委託　105
差別　87
　　――待遇　111
サポート　159
3歳児神話　29
自我の構造論　73
自我の統合　135
自己形成　104
自己決定　94, 161
自己効力感（self-efficacy）　159
自己差別　89
自己成長　104
自己選択　161
自己喪失　120
自己同一性　123
　　――地位　123
　　――の再構築　123
　　――の破綻や危機　123
自己の存在意義　126
自殺　48
思春期　61
施設の小規模化　100
自尊心（self-esteem）　17, 159
実力主義社会　84
児童虐待　27, 33
児童心理治療施設　33
児童相談所　27
児童福祉法　98
児童養護施設　97, 164
自閉症　67
　　――スペクトラム障害　67
社会性　72
社会ダーウィニズム　92

索　引　　*173*

社会的コミュニケーション　67
社会的な発達　81
社会的養護　26
　　──の課題と将来像　100
社会福祉　2
社交性　159
周辺症状（BPSD）　143
塾通い　79
主体感（この世界で生きていたいという感覚）　35
準高齢者・準高齢期（pre-old）　130
障害者虐待　93
　　──障害者虐待防止法　93
障害者差別解消法　89, 93
障害者総合支援法　93
障害者の権利に関する条約　68
生涯発達　66
小舎制（cottage system）　98
情緒障碍児短期治療施設　33
情緒的応答性　38
情緒的絆（ボンディング）　15
情動調律（affect attunement）　38
情報・コミュニケーション及び教材の配慮　71
職員の心理的ケア　102
初老期（向老期）　119
初老期うつ　125
進学率　83
神経認知障害（neurocognitive disorders）　139
神経発達症群／神経発達障害群　67
親権　26
人生の統合　134
心の成熟　13
心の防御機制　38
心理教育的アプローチ　126
心理職　101
心理的安定　102
心理的喪失　133
心理的な〈ゆらぎ〉　122
スクールカウンセラー　58
スクールソーシャルワーカー　58
スタンフォード・ビネー式知能検査　71
スティグマ観　94

ストレスコーピング（ストレス対処法）　113
ストレスチェック制度　113
ストレスの原因（ストレッサー）　112
ストレス反応　112
生活・心理臨床的環境　40
生活の治癒力　40
生活保護水準以下の所得しか得られない世帯（ワーキングプア）　112
成熟　133
精神分析的理論　120
精神保健福祉法　89, 93
生の保障性・予測可能性・平穏性　40
セクシャルハラスメント　110
世代間のつながり　135
セルフケア　113
早期完了　123
喪失　133
ソーシャルスキルトレーニング（social skills training: SST）　101
措置制度　2
その人らしさ（personhood）の連続性　144
尊厳　7

た

怠学　56
待機児童問題　25
退行現象（赤ちゃん返り）　165
胎児期　38
大舎制（dormitory system）　98
対象関係論　73
対象喪失　119
　　──の受容過程　120
退職うつの症状　125
対人コミュニケーション機能　72
立ち直り力（レジリエンス）　63
ダブル・バインド　126
男女雇用機会均等法　111
地域支援　100
知的障害　166
知的能力　71
知能　71
注意欠陥・多動症／注意欠陥・多動性障害　68
注意欠陥多動性障害　67

中核症状　143
中年期うつ　125
超高齢者・超高齢期（oldest-old, super-old）　130
超高齢社会　129
長時間労働　108
つなぐ　104
強さ（レジリエンス）　62
適応指導教室　58
同一性拡散　123
同一性達成　123
登校拒否（school refusal）　56
東洋的無我観　125
読解力　159
富山型デイサービス　169
トラウマ体験　103

な
ナチスドイツの障害者「安楽死」計画（T４計画）　92
ナラティヴなアプローチ　144
2018年問題　77
乳児院　164
認知行動療法　101
認知症（dementia）　139
　　——ケア　143
　　——施設推進総合戦略（新オレンジプラン）　145
　　——フレンドリーコミュニティ　145
認知の歪み　126
ネウボラ　30
ネグレクト（遺棄・放置）　35
ネットいじめ　54
年齢区分　130
ノーマライゼーション　2, 93

は
パーソナリティ　73
パーソン・センタード・ケア（PCC）　143
ハードネス（hardness）　155
白内障　133
箱庭療法　101
「働き方改革」施設　110
発達障害　65

　　——者支援法　67, 93
発達段階　38
ハラスメント　110
バリデーション法　146
パワーハラスメント　110
反動形成　89
被虐待児　102
悲嘆（grief）　120, 133
描画療法　101
表現療法　101
福祉心理学　161
福祉心理臨床学　3
不注意　72
物理心理社会モデル　4
不登校（school non-attendance）　55, 56
ブラック企業　111
フレイル　131
分離不安　24
平均寿命　129
ヘイトクライム　87
保育園　24
防衛機制　73
包括的支援　143

ま
慢性的悲嘆説　122
メンター　159
メンタルヘルスマネジメント　113
妄想的信念（ヘイトスピーチ）　89
モラトリアム　123

や
遊戯療法（描画療法，箱庭療法，音楽療法，表現療法などを含む）　101
優生思想　92
養育　23
抑うつの相互作用モデル　126

ら
ライフイベント　119
ライフスパン　161
ラインケア　113
ラッキョウの皮むき　124
リカレント教育　84

レジリエンス（resilience）　153
劣等処遇の原理　95
老化（senescence, aging）　131
労働安全衛生法　113
労働基準監督署　108
労働基準法　109

老年的超越　134, 135
ローザ法（Rosa's Law）　166

わ

ワーキングプア　112
ワンオペ育児　23

人名索引

A to Z
Bion, W. R. 38
Cantley, C. 144
Emde, R. N. 38
Kitwood, T. 143
Lowton, M. P. 144
Wood, R. T. 143

あ
アスペルガー（Asperger, H.） 67
網野武博 3，5，30, 31
アルボム（Albom, M.） 137
石崎淳一 143, 144
稲谷ふみ枝 135, 143
ウィニコット（Winnicott, D. W.） 14, 38
ウィング（Wing, L.） 67
ウェクスラー（Wechsler, D.） 72
ヴォルフェンスベルガー（Wolfensberger, V.） 166
エリクソン（Erikson, E. H.） 16, 18, 66, 73, 123, 135, 148
エリクソン（Erikson, J. M.） 135
岡田 明 3
岡本祐子 119, 120, 123
小塩真司 158, 159
オバマ（Obama, B.） 166

か
カナー（Kanner, L.） 67
ギャラファー（Gallagher, H. G.） 92, 93
鯨岡 峻 13
クラーク（Clark, W. S.） 84
コイン（Coyne, J. C.） 126
輿石 薫 28
後藤佐多良 131
小林正幸 55

さ
佐藤宏平 126
佐藤泰正 3
サドック, B. J.（Sadock, B. J.） 15

サドック, V. A.（Sadock, V. A.） 15
沢崎達夫 56, 58
清水賢二 49
白井幸子 125, 126
仁平義明 154, 155
スターン（Stern, D. N.） 38
スミス（Smith, R. S.） 154

た・な
ダーウィン（Darwin, C. R.） 92
宅 香菜子 155
千原ジュニア 59-63
千原せいじ 60, 63
テイラー（Taylor, J. B.） 144, 145
デ クラーク・ルビン（de Klerk-Rubin, V.） 148
十島雍蔵 3，94, 122, 126
豊田 充 46
トルンスタム（Tornstam, L.） 135
ニィリエ（Nirje, B.） 166

は
バイスティク（Biestek, F. P.） 6
バンク・ミケルセン（Bank-Mikkelsen, N. H.） 166
ヒトラー（Hitler, A.） 92
ビネー（Binet, A.） 71
ファイル（File, N.） 146, 148, 149
深谷和子 50
深谷昌志 28, 32, 80, 81
福沢諭吉 78
古川孝順 4
フレイザー（Fraser, M. W.） 154
フロイト（Freud, S.） 66, 73
ベイトソン（Bateson, G.） 126
ヘックマン（Heckman, J. J.） 31
ボウルビィ（Bowlby, J.） 32
ボーデン（Boden, C） 144, 145

ま
マーシャ（Marcia, J. E.） 123
牧迫飛雄馬 131
松嶋秀明 159
丸田俊彦 38

宮原和子　　4
六十部昭典　　133
モネ（Monet, C.）　　133
森川すいめい　　162
森さち子　　38
森田洋司　　49

や・ら・わ
山岡喜美子　　141
山喜高秀　　33
吉田敬子　　16
ローザ（M. Rosa）　　166
ワーナー（Werner, E. E.）　　154
渡部純夫　　104

執筆者一覧 （*は編者）

中山哲志（東日本国際大学教授）*	序，第14章
山喜高秀（志學館大学教授）	第1章，第3章
金城　悟（東京家政大学教授）	第2章，第10章
深谷昌志（東京成徳大学名誉教授）*	第4章，第7章
深谷和子（東京学芸大学名誉教授）	第5章，第15章
渡部純夫（東北福祉大学教授）	第6章，第9章
十島雍蔵（鹿児島大学名誉教授，社会福祉法人吾子の里理事長）	第8章，第11章
稲谷ふみ枝（鹿児島大学名誉教授）*	第12章，第13章

福祉心理学の世界
人の成長を辿って

2018年9月10日　初版第1刷発行
2024年4月20日　初版第4刷発行

（定価はカヴァーに表示してあります）

編　者　中山哲志
　　　　稲谷ふみ枝
　　　　深谷昌志
発行者　中西　良
発行所　株式会社ナカニシヤ出版
〒606-8161　京都市左京区一乗寺木ノ本町15番地
　　　　　　Telephone　075-723-0111
　　　　　　Facsimile　075-723-0095
Website　http://www.nakanishiya.co.jp/
Email　iihon-ippai@nakanishiya.co.jp
郵便振替　01030-0-13128

装幀＝白沢　正／印刷・製本＝西濃印刷㈱
Copyright © 2018 by S. Nakayama, F. Inatani, & M. Fukaya
Printed in Japan.
ISBN978-4-7795-1288-9 C3011
LINEは，LINE Corporationの登録商標です。
Twitterは，アメリカ合衆国また他国におけるTwitter Inc.の登録商標です。
なお，本文中では，TM，(R) マークは明記しておりません。

本書のコピー，スキャン，デジタル化等の無断複製は著作権法上での例外を除き禁じられています。
本書を代行業者等の第三者に依頼してスキャンやデジタル化することはたとえ個人や家庭内の利用であっても著作権法上認められておりません。